MARCO ⊕ POLO

CHICAGO
UND DIE GROSSEN SEEN

Reisen mit
Insider-Tipps
Diese Tipps sind die ganz speziellen
Empfehlungen unserer Autoren.
Sie sind im Text gelb unterlegt.

Fünf Symbole sollen Ihnen
die Orientierung in diesem Führer erleichtern:

für Marco Polo Tipps – die besten in jeder Kategorie

für alle Objekte, bei denen Sie auch eine schöne Aussicht haben

für Plätze, wo Sie bestimmt viele Einheimische treffen

für Treffpunkte für junge Leute

(114/A 1)
Seitenzahlen und Koordinaten für den Cityatlas Chicago
(U/A 1) *Koordinaten für die Übersichtskarte im vorderen Umschlag*
Zu Ihrer Orientierung sind auch die Orte mit Koordinaten
versehen, die nicht im Cityatlas eingetragen sind.

Diesen Führer verfasste der Schriftsteller und Journalist Thomas Jeier
aus München. Den Teil über die Großen Seen schrieb der
Reisejournalist Karl Teuschl.

Die Marco Polo Reihe wird herausgegeben
von Ferdinand Ranft.

Die aktuellsten Insider-Tipps finden Sie im Internet unter www.marcopolo.de
MAIRS GEOGRAPHISCHER VERLAG

MARCO ⊕ POLO

Für Ihre nächste Reise gibt es folgende Titel dieser Reihe:

Ägypten • Alaska • Algarve • Allgäu • Amrum/Föhr • Amsterdam • Andalusien • Antarktis • Argentinien/Buenos Aires • Athen • Australien • Azoren • Bahamas • Bali/Lombok • Baltikum • Bangkok • Barbados • Barcelona • Bayerischer Wald • Berlin • Berner Oberland • Bodensee • Bornholm • Brasilien/Rio • Bretagne • Brüssel • Budapest • Bulgarien • Burgund • Capri • Chalkidiki • Chicago und die Großen Seen • Chiemgau/Berchtesgaden • Chile • China • Costa Blanca • Costa Brava • Costa del Sol/Granada • Costa Rica • Côte d'Azur • Dalmat. Küste • Dänemark • Disneyland Paris • Dolomiten • Dominik. Republik • Dresden • Dubai/Emirate/Oman • Düsseldorf • Ecuador/Galapagos • Eifel • Elba • Elsass • Emilia-Romagna • England • Erzgebirge/Vogtland • Finnland • Flandern • Florenz • Florida • Franken • Frankfurt • Frankreich • Franz. Atlantikküste • Fuerteventura • Gardasee • Golf von Neapel • Gomera/Hierro • Gran Canaria • Griechenland • Griech. Inseln/Ägäis • Hamburg • Harz • Hawaii • Heidelberg • Holl. Küste • Hongkong • Ibiza/Formentera • Indien • Ionische Inseln • Irland • Ischia • Island • Israel • Istanbul • Istrien • Italien • Italien Nord • Italien Süd • Ital. Adria • Ital. Riviera • Jamaika • Japan • Jemen • Jerusalem • Jordanien • Kalifornien • Kanada • Kanada Ost • Kanada West • Kanalinseln • Karibik I • Karibik II • Kärnten • Kenia • Köln • Königsberg/Ostpreußen Nord • Ko Samui/Ko Phangan • Kopenhagen • Korfu • Korsika • Kos • Kreta • Kuba • Languedoc-Roussillon • Lanzarote • La Palma • Leipzig • Libanon • Lissabon • Loire-Tal • London • Los Angeles • Lüneburger Heide • Luxemburg • Madeira • Madrid • Mailand/Lombardei • Malaysia • Malediven • Mallorca • Malta • Mark Brandenburg • Marokko • Masurische Seen • Mauritius • Mecklenburger Seenplatte • Menorca • Mexiko • Mosel • Moskau • München • Namibia • Nepal • Neuseeland • New York • Niederlande • Nordseeküste: Niedersachsen mit Helgoland • Nordseeküste: Schleswig-Holstein • Normandie • Norwegen • Oberbayern • Oberital. Seen • Österreich • Ostfries. Inseln • Ostseeküste: Mecklenburg-Vorpommern • Ostseeküste: Schleswig-Holstein • Paris • Peking • Peloponnes • Peru/Bolivien • Pfalz • Philippinen • Phuket • Piemont/Turin • Plattensee • Polen • Portugal • Potsdam • Prag • Provence • Rhodos • Riesengebirge • Rocky Mountains • Rom • Rügen • Rumänien • Russland • Salzburg/Salzkammergut • Samos • San Francisco • Sardinien • Schottland • Schwarzwald • Schweden • Schweiz • Seychellen • Singapur • Sizilien • Slowakei • Spanien • Spreewald/Lausitz • Sri Lanka • St. Petersburg • Südafrika • Südamerika • Südengland • Südsee • Südtirol • Sylt • Syrien • Taiwan • Teneriffa • Tessin • Thailand • Thüringen • Tirol • Tokio • Toskana • Tschechien • Tunesien • Türkei • Türk. Mittelmeerküste • Umbrien • Ungarn • USA • USA: Neuengland • USA Ost • USA Südstaaten • USA Südwest • USA West • Usedom • Venedig • Venetien/Friaul • Venezuela • Vietnam • Wales • Washington D. C. • Weimar • Wien • Yucatán • Zürich • Zypern • Die besten Weine in Deutschland • Die tollsten Musicals in Deutschland

Die Marco Polo Redaktion freut sich, wenn Sie ihr schreiben: Marco Polo Redaktion, Mairs Geographischer Verlag, Postfach 31 51, D-73751 Ostfildern

Unsere Autoren haben nach bestem Wissen recherchiert. Trotzdem schleichen sich manchmal Fehler ein, für die der Verlag keine Haftung übernehmen kann.

Titelbild: Blick auf Chicago River und Wrigley Building (Friedrichsmeier/Photo: argus/P. Frischmuth)
Fotos: Friedrichsmeier: Braunger (12, 27, 32, 50, 51, 58, 64),
Frischmuth (4, 8, 11, 17, 20, 21, 23, 30, 60, 68, 70, 111); A. M. Gross (35, 77, 78);
HB-Verlag (38); laif: Neumann (7, 22, 41, 72, 75); K. Teuschl (45, 48, 52, 56, 80, 84, 88, 92, 94)

2., aktualisierte Auflage 2001
© Mairs Geographischer Verlag, Ostfildern
Chefredakteurin: Marion Zorn
Lektorat: Andrea Sach
Gestaltung: Thienhaus/Wippermann (Büro Hamburg)
Kartographie: © Falke Verlag, Ostfildern; MapMedia Corporation, Oshawa, Ontario/Canada
Sprachführer: in Zusammenarbeit mit dem Ernst Klett Verlag für Wissen und Bildung GmbH,
Redaktion PONS Wörterbücher

Printed in Germany
Gedruckt auf 100% chlorfreiem Papier

INHALT

Entdecken Sie Chicago!

Die Stadt hat ihre eigene Legende überlebt: Die Gangstermetropole wurde zum lebendigen Handelszentrum

Schweinemetzger für die Welt«, schrieb Carl Sandburg in seinem berühmten Gedicht über Chicago, »Werkzeugmacher, Weizenstapler, Spieler mit Eisenbahnen und Frachtenverteiler der Nation, stürmisch, rüde, lärmerfüllt. Stadt der breiten Schultern.« Was hat man nicht alles über Chicago gehört. Düster, unheimlich und erdrückend erscheint die Stadt auf historischen Bildern, man denkt an John Dillinger und Al Capone und ratternde Maschinenpistolen. Der Wind heult durch die Straßenschluchten. »Windy City«, noch so ein Beiname, der nicht jedem gefällt. Im Hochsommer drückt die Hitze auf den Asphalt, und im Winter türmen sich die Eismassen am Ufer des Lake Michigan. Schemenhafte Bilder werden lebendig. Tausende von Rindern in den Verladebahnhöfen vor der Stadt. Endlose Güterzüge. Das blutige Geschäft in den Schlachthöfen. Das Rattern der Hochbahn. Bandenkriege, Schieße-

Stadt des Blues, der Kunst und der Architektur: Langweilig wird es in der »Windy City« nie

reien und Rassenkrawalle. Zustände wie in Chicago, sagt man das nicht, wenn man die Missstände in einer Gegend beschreiben will? Was soll man in einer solchen Stadt?

Natürlich ist alles anders in Chicago. Was für eine Überraschung, wenn man zum ersten Mal in diese Metropole kommt und alle Vorurteile von der Wirklichkeit verdrängt sieht. Sicher, es hat sie gegeben, die legendären Schlachthöfe, aber heute stehen dort nur noch Ruinen. Auch die Viehverladerampen gibt es nicht mehr. John Dillinger und Al Capone sind längst tot, und die Kriminalitätsrate von Chicago liegt unter der vieler anderer Städte. Auch die Rassenkrawalle der 60er-Jahre gehören der Vergangenheit an. Es bleibt das extreme Klima, es bleibt das nervtötende Rattern der Hochbahn, die längst abgerissen werden sollte. Es bleiben die schmutzigen Viertel im Süden und die Madison Street mit den betrunkenen Pennern, die ihre Lager in den Hauseingängen aufschlagen. Es bleibt die düstere Atmosphäre der Vororte, in denen man über finstere Stahltreppen in ein unübersichtliches Labyrinth von dunklen Straßen hinabsteigt. Manchen Besucher überkommt da die Angst, obwohl er am Ende der Treppe meist nette Menschen trifft. Überhaupt: Die Menschen machen vieles wett in Chicago, sie sind freundlicher als die New Yorker und zeigen mehr Humor. »The Second City« (die zweite Stadt) nannte sich eine Kabarettistentruppe Ende der 60er-Jahre und meinte damit Chicago als die Nummer zwei hinter New York. Aber hinter vorgehaltener Hand kichern die Chicagoer still in sich hinein und sind fest davon überzeugt, längst in Stadt Nummer eins zu leben. Einen der höchsten Wolkenkratzer der Welt haben sie sowieso schon. 30 Meilen zieht Chicago sich am Lake Michigan entlang und bietet heute ungefähr 2,8 Mio. Einwohnern ein Zuhause – auf einer Fläche, die zwei Drittel von New York City einnehmen würde.

Im 17. Jh. waren Louis Jolliet und Pater Jacques Marquette die ersten weißen Männer, die am Ufer des Lake Michigan standen, dort, wo später Chicago entstehen sollte. Damals gab es nur ein paar Indianerhütten inmitten weiter Wiesen und Wälder, in denen wilde Zwiebeln in Hülle und Fülle wuchsen. Deshalb nannten die Chippewas den Ort auch »Shegahg«, das Land der wilden Zwiebeln. Später wurde dieses Indianerwort zu Chicago. Eine andere Deutung besagt, dass ein ähnlich klingendes Indianerwort benutzt wurde, das »mächtig und stark« bedeutete und die Macht und den Einfluss der dort lebenden Häuptlinge beschreiben sollte. 1673 errichtete Jacques Marquette eine Mission.

Die Gegend blieb bis ins späte 18. Jh. unter französischer Herrschaft, dann kamen amerikanische Siedler, und die Armee baute ein Fort, um die Siedlung vor aufständischen Indianern zu schützen. Fort Dearborn lag an der heutigen Kreuzung von Michigan Avenue und Wacker Drive. Einmal wurde der Stützpunkt von Indianern angegriffen, und auch der Krieg von 1812 brachte Gefahr für die amerikanische Siedlung. Nach und nach wurden die Indianer vertrieben, Franzosen und Engländer zogen sich zurück, und Chicago wuchs zu einer Stadt mit 40 000 Einwohnern heran. Am 4. März 1837 wurde Chicago offiziell zur Stadt erklärt, fünfzig Jahre später war es die zweitgrößte Stadt der USA.

Mit der zunehmenden Größe wuchsen auch die Probleme. Die Lebensbedingungen waren schlecht, und es gab viel Armut innerhalb der Stadtgrenzen. Erst mit dem Ausbau der Eisenbahn und der Eröffnung des Illinois & Michigan Canal änderte sich die Situation. Die Stadt wurde zum größten Viehverladebahnhof der Nation, zum Verkehrsknotenpunkt und blühenden Handelszentrum. Immer mehr Menschen strömten nach Chicago auf der Suche nach einer Bleibe und einem Job. Nirgendwo wurde so viel Geld verdient wie hier, besonders nach dem Bürgerkrieg, als doppelt so viel Weizen geliefert wurde wie zuvor und die Händler immer wohlhabender wurden. Spekulanten machten das große Geld, Fabrikbesitzer spazierten mit ihren herausgeputzten Frauen durch die Parks, überall wurde nur vom

Downtown Chicago, the Loop, gilt als Galerie unter freiem Himmel

Geld geredet. Nichts schien diese Stadt aufhalten zu können, bis es am 9. Oktober 1871 zu einer Katastrophe kam, die selbst das Erdbeben von San Francisco in den Schatten stellte. Beim großen Feuer von Chicago mussten mehr als 200 Menschen ihr Leben lassen, und mehr als 90 000 Menschen verloren ihr Heim und ihre ganze Habe. Der Schaden betrug 200 Mio. Dollar.

Die Katastrophe hinterließ grausame Spuren in Chicago, wurde aber auch zur Bewährungsprobe für die Bürger. Der totale Zusammenbruch blieb aus, und ein nie erwartetes Wirtschaftswunder ließ die Stadt in neuem Glanz erstrahlen. International anerkannte Architekten nutzten die Gunst der Stunde und planten die höchsten und kühnsten Gebäude für die neue Stadt. Ähnlich wie später im Nachkriegsdeutschland krempelten die Bürger die Ärmel hoch und räumten die Trümmer zur Seite. Innerhalb weniger Jahre bauten sie ein neues Chicago auf.

Der Wasserturm, das einzige Gebäude, das die Brandkatastrophe unbeschadet überstanden hatte, wurde zum Symbol für den ungestümen Lebenswillen der Stadt und seiner Bürger.

So entwickelte sich Chicago nach dem Feuer zu einem Experimentierfeld für kreative und avantgardistische Architekten und Künstler. Aus allen Teilen der Vereinigten Staaten und sogar aus Europa strömten Architekten und Baumeister nach Chicago, um beim Aufbau der Metropole zu helfen. Sie waren fest entschlossen, sie zu einer der attraktivsten Städte der Welt zu machen. Ihnen kam zugute, dass sie durch keinerlei behördliche Bestimmungen eingeengt wurden wie ihre Kollegen in vielen anderen Städten. Da verwunderte es niemanden, dass William Le Baron Jenny bereits 1885 eine zehnstöckige Konstruktion aus Stahlrahmen und Steinen an der Ecke LaSalle und Monroe Street hochzog, ein für die damalige Zeit beinahe revolutionäres

Unternehmen. Das Experiment gelang. Das Home Insurance Building war stabiler als alle anderen Häuser, der Begriff des Wolkenkratzers war geboren. Leider fiel das Gebäude dem Erneuerungswahn späterer Generationen zum Opfer.

Neue Akzente setzte auch die World's Columbia Exposition, eine gewaltige Weltausstellung, die 1893 stattfand und auf ideale Weise das Wirtschaftswunder dokumentierte, das Chicago nach dem großen Feuer zu einem neuen Boom verhalf. Bereits im ersten Jahrzehnt des 20. Jhs. kletterte die Einwohnerzahl über die Zwei-Millionen-Grenze, nahm der Handel einen beinahe beängstigenden Aufschwung. Elektrische Eisenbahnen verkehrten auf hochgelegten Schienen, ein riesiger Bahnhof wurde eröffnet, und die Filmindustrie entdeckte die Stadt. Die kulturelle Szene explodierte, und die Theateraufführungen und Konzerte konnten sich mit den besten in Europa messen. Erst am Schwarzen Freitag des Jahres 1929 läutete der Börsenkrach das Ende des allgemeinen Wohlstands ein – nicht nur in Chicago, sondern in ganz Amerika. Im Zuge der Prohibition in den 30er-Jahren machte lediglich die organisierte Kriminalität unaufhörlich Profit. Und auch die Gangsterbosse wie Al Capone und John Dillinger machten sich mit ihren Banden Chicago zur Heimat. Aus dem blühenden Wirtschaftszentrum wurde die Gangsterstadt, die die Filmindustrie als Standort für ihre Produktionen der »Schwarzen Serie« wählte. Dieser Ruf haftet der Stadt noch heute an. Wer denkt nicht an Edward G. Robinson und Humphrey Bogart, wenn von Chicago die Rede ist?

Aber Chicago ist schöner und besser als sein Ruf. Die Skyline mit ihren schlanken Wolkenkratzern wirkt faszinierend, besonders vom See aus gesehen, und innerhalb des Loop liegt die Innenstadt von Chicago, ein durch die Schienen der Hochbahn gebildeter Ring, der sich über fünfunddreißig Blocks erstreckt und im Norden und Westen vom Fluss, im Süden von der

Erholungslandschaft für gestresste Städter: das Ufer des Lake Michigan

Hochbahn und im Osten von der Michigan Avenue begrenzt wird. Innerhalb dieser Grenzen spielt sich das geschäftliche Leben von Chicago ab. Da liegt der gewaltige Sears Tower, bis vor kurzem das höchste Gebäude der Welt, in dem 16 000 Menschen arbeiten, eine Stadt innerhalb der Stadt. Da verläuft die State Street mit der wahrscheinlich längsten Fußgängerzone der Welt, der sieben Blocks langen State Street Mall: Kaufhäuser, Shops, Boutiquen, Plattenläden, Bäckereien, Restaurants, Cafés, Kinos und Theater. Da stehen 32 Skulpturen weltberühmter Künstler einfach so auf den Bürgersteigen herum: so die 16 m hohe Plastik, die kein Geringerer als Pablo Picasso den Bürgern von Chicago vermachte und die seitdem als Wahrzeichen gilt; oder »Flamingo«, das rote Riesenwerk von Alexander Calder vor dem Chicago Federal Center; oder »The Four Seasons«, ein 20 m langes Mosaik von Marc Chagall an der First National Bank. Neben ihnen sind anerkannte Künstler aus der ganzen Welt wie Henry Moore und Joan Miró in dieser Galerie unter freiem Himmel vertreten.

Der Loop ist eine geschäftige Insel inmitten der Riesenstadt, eine laute Oase in einer lauten Metropole, vitales Zentrum und Quelle für Kultur, Kommerz und Kommunikation. Das Rattern der »El« *(elevated)*, der Hochbahn, wie man es aus den schon erwähnten Kriminalfilmen der Schwarzen Serie kennt. Das Knattern von Presslufthämmern an einer Baustelle in der Adams Street. Menschenschlangen an den Bushaltestellen. Menschenströme auf den Stahltreppen zur Hochbahnstation. Überall hastet und rennt man. Und dazwischen verträumte Gestalten auf einer Bank, interessierte Gesichter vor einer Skulptur von Calder. Diese Gegensätze machen die Stadt so interessant, so lebendig.

Die 60er-Jahre – in Kalifornien eine Ära des Aufbruchs – brachten eine gewisse Stagnation. Chicago hatte Probleme: In den Schwarzenvierteln gab es Unruhen, und die Bürger zogen in die Vorstädte. Einziges Highlight der frühen 60er-Jahre: Der riesige O'Hare International Airport wurde gebaut und weckte neuen Optimismus, aber erst gegen Ende des Jahrzehnts konzentrierte man sich wieder auf die Innenstadt. Das John Hancock Center wurde errichtet, mit hundert Stockwerken das fünfthöchste Gebäude der Welt. Der gigantische Sears Tower wurde in den 70er-Jahren von Skidmore, Owings & Merrill hochgezogen und war lange Zeit das höchste Gebäude der Welt. Er ist ein ausgesprochen schöner Wolkenkratzer, ein schlanker, dunkler Turm mit wechselnden geometrischen Formen, ein elegantes und zweckdienliches Riesengebäude mit Aussichtsplattform im obersten Stockwerk. Beinahe futuristisch mutet das James R. Thompson Center des bayerischen Architekten Helmut Jahn an. Wie ein gewaltiges Raumschiff erhebt sich das asymmetrische, aus Stahl und Glas erbaute Gebilde an der Lake Street. Die Meinungen über dieses Traumgebilde sind noch immer geteilt, aber alle erkennen den Mut und die Kreativität des Bayern an, der auch im modernen Nebenbau des Chicago Board of Trade einen gläsernen und lichtüberschwemmten Innenhof schuf. »Das Leben soll ein großes Fest aus Licht und Farben sein«, sagt Helmut Jahn, aber auch: »Ich hatte damals Glück. Die Politiker waren liberal und aufgeschlossen. Heute könnte ich ein solches Haus nicht mehr bauen.«

Außerhalb des Loop atmet die Stadt durch, wirkt sie freier und großzügiger, besonders auf der prachtvollen Michigan Avenue. Auf der einen Seite erheben sich die Wolkenkratzer des Loop, auf der anderen öffnet sich die Straße zum Grant Park und zum uferlos scheinenden Lake Michigan. Der heftige Wind nimmt dieser Prachtallee nicht den Glanz, bleibt zwischen den Häusern hängen und lässt den Nordteil der Stadt unberührt. Jenseits des Chicago River warten teure Boutiquen, luxuriöse Hotels und exklusive Restaurants auf Kunden. Braune Schilder mit der Aufschrift »Historic Route 66« markieren die Jackson und die Adams Street und den Verlauf der legendären Straße, die in den 20er-Jahren des 19. Jhs. gebaut wurde und von Chicago nach Los Angeles führte. In Cicero, einem Vorort mit verfallenen Häusern und Lagerhallen, hallt noch das Echo der Schüsse nach, die Al Capone & Co. am Valentinstag abfeuerten. Und in Gedanken hört man immer dieselbe Musik: einen traurigen Blues, mit treibenden Akkorden und einem unterkühlten Schlagzeug, getragen von einer schwarzen Stimme, deren Traurigkeit nicht einmal vom Rattern der Hochbahn vertrieben wird. Der Blues ist in Chicago heimisch geworden, hat Memphis oder New Orleans schon vor vielen Jahren verlassen und gehört zu dieser Stadt wie keine andere Musik. Muddy Waters war in Chicago zu Hause, und der weltberühmte Klarinettist Benny Goodman wurde hier geboren.

Die Schwarzen dominieren in Chicago, und ihre Musik wurde zum Soundtrack der Stadt; auf der kleinen Bühne im beliebten B.L.U.E.S. an der North Halsted, in der Checkerboard Lounge in der South Side, wo die Musik noch echt und unverfälscht klingt, und im eleganten Kingston Mines. Rock, Folk und Country gehören eigentlich nicht hierher, werden aber auch gespielt, und das nicht gerade wenig, vor allem in den Dance Clubs an der North Lincoln Avenue. Abgesehen von New York und New Orleans ist in keiner anderen US-Stadt die Liveszene so lebendig, gibt es so viele Kneipen und Clubs.

Chicago und Kultur – für viele Menschen, die noch nie in dieser Stadt waren, zwei Begriffe, die nicht zusammengehören. Und doch rühmt sich gerade Chicago einer sehr großen und lebendigen Kulturszene. Die klassische Musik des Chicago Symphony Orchestra untermauert den Ruf in dieser Hinsicht ebenfalls, immerhin wurde es mit einem Grammy ausgezeichnet. Über 60 professionelle Theatergruppen arbeiten in der Stadt, nicht unbedingt die schlechtesten im Off-Loop, also außerhalb der Innenstadt, und manch ein Star ging aus kleinen Vorortensembles hervor. Natürlich lässt sich auch der Broadway mit bewährten Produktionen wie »A Chorus Line« und »Cats« in Chicago blicken. Berühmt ist Chicago auch für seine Museen und Kunstgalerien. Am bekanntesten, am umfangreichsten und am interessantesten und gleichzeitig die wahrscheinlich größte Touristenattraktion der Stadt ist das Museum of Science and Industry, ein gigantisches Gebäude, in dem man die Wunder von Wissenschaft und Technik nicht nur bestaunen, sondern erfahren kann. Man erforscht ein Kohlebergwerk, sieht ein Küken aus dem Ei schlüpfen, spielt mit einem Computer, man spaziert durch das fünf Meter hohe Modell eines menschlichen Herzens, klettert durch ein deutsches Unterseeboot aus dem Zweiten Weltkrieg, erforscht die Apollo-8-Kapsel und schaut einem Roboter bei der Arbeit zu. Ein riesiges Museum, noch viel gigantischer als das Deutsche Museum in München.

Chicago, the Windy City. Die Stadt mit den breiten Schultern.

Marina City aus den 60-er Jahren

Glitzernd und grundehrlich. Amerikanisch. Auf Fortschritt gepolt und dem übrigen Amerika immer einen Schritt voraus. Himmelhohe Wolkenkratzer. Museen und Theater. Gourmetrestaurants und Luxushotels. Die Chicago Bulls und die Chicago Cubs. Vor allem aber eine Stadt mit vielen Überraschungen. Klassische Konzerte unter freiem Himmel im Grant Park. Indische Spaziergänger auf der Devon Avenue. Mit der »El« durch die ausufernden Vororte. Shopping in River North und auf der Armitage Av. Entscheidende Spiele auf dem legendären Wrigley Field. Chicago hat viele Gesichter. Oder wie Mark Twain einmal schrieb: »Es ist unmöglich, mit dieser Stadt Schritt zu halten. Sie überlebt ihre eigenen Prophezeiungen und bietet immer was Neues.« Frank Lloyd Wright, der große Architekt, sagte über die Stadt: »Irgendwann wird Chicago die letzte schöne Großstadt der Welt sein.«

Was schauen wir an?

Eine Stadt für die Sinne: Wolkenkratzer und alte Häuser, vielseitige Stadtviertel und Kunst an jeder Ecke

Ganz Chicago ist eine Wolke – wenn man einen schlechten Tag erwischt und vom Sears Tower oder vom Hancock Observatory nur die andere Seite des Regens sieht. Wenn das Wetter stimmt, ist der Ausblick unvergleichlich, und die Riesenstadt liegt einem in ihrer ganzen Pracht zu Füßen. Wer jemals auf dem Empire State Building in New York gestanden hat, weiß den Anblick zu schätzen. Chicago ist vielseitiger, architektonisch viel interessanter, und das erkennt man auch von oben. Die vergoldete Spitze des Carbide and Carbon Buildings, das wie eine Champagnerflasche aus dem Häusermeer ragt, die verspielten Ornamente am Wrigley Building, die Museumspaläste am Ufer des Lake Michigan.

Man sollte Chicago von oben gesehen haben, bevor man sich ins Getümmel stürzt, um den wahren Charakter dieser Stadt kennen zu lernen. In der U-Bahn, in den Zügen der baufälli-

Chicago ist stolz auf den neugotischen Historic Water Tower, der dem großen Feuer 1871 widerstand

gen »El«, im emsigen Treiben auf der State Street, auf den Plätzen vor den Hochhäusern und Banken, auf der Magnificent Mile nördlich des Chicago River, am Ufer des Lake Michigan, in den Vororten wie Chinatown und Pilsen. »The best things in life are free«, sagen die Amerikaner, und das ist auch in Chicago nicht anders. Wer mit offenen Augen durch die Stadt geht, sich im Strom der Einheimischen treiben lässt, zahlt keinen Penny und erlebt das wahre, das ehrliche Chicago und manchmal auch die Windy City. Denn windig ist es am Lake Michigan, und wer bei Regen oder im Winter nach Chicago kommt, hat wahrlich nichts zu lachen.

Aber wenn die Sonne scheint, wird Chicago zum Vergnügen. Denn aus dem Schweinemetzger für die Welt und der Blue Collar City (Arbeiterstadt) ist längst eine Vorzeigemetropole geworden. Chicago überrascht seine Besucher mit einem vielfältigen kulturellen Angebot und schicken Einkaufsstraßen, mit weltberühmten Museen und erstklassigen Restaurants. In ein paar Ta-

13

MARCO POLO TIPPS
FÜR BESICHTIGUNGEN

1 John Hancock Observatory
Traumhafter Ausblick mit
Gimmicks (Seite 14)

2 John G. Shedd Aquarium
Bloß unter Wasser ist es
schöner! (Seite 29)

3 Lincoln Park
Der Tiger steckt im Park
direkt am See
(Seite 17 und 29)

4 Wrigley Field
Aber nur, wenn Baseball
gespielt wird! (Seite 21)

5 Chicago Loop
Chicago live, Chicago pur!
(Seite 24)

6 Old Town
Im Straßencafé entspannen
(Seite 25)

7 Magnificent Mile
Die angesagte Einkaufsmeile
(Seite 26)

8 Lake Michigan
Der See ohne Ufer – wie am
Meer (Seite 19)

9 Chicago Board of Trade
Der schönste Wolkenkratzer
(Seite 27)

10 Chicago Architecture Foundation
Skyscrapers satt unter fach-
kundiger Führung (Seite 20)

gen ist diese Stadt nicht zu schaffen, selbst in vier Wochen sieht
man nicht alles. Deshalb sollten
Sie erst gar nicht den Versuch
machen, von einer Sehenswür-
digkeit zur nächsten zu hetzen. In
der Auswahl liegt die Würze.
Selbst ein Tag kann zum Erlebnis
werden, wenn Sie sich auf einen
Blick vom Hancock Observatory,
die Mittagspause vor dem James
R. Thompson Center, den Besuch
des Museum of Science and Industry und einen gemütlichen
Abend in einem Blues Club be-
schränken. Chicago mit allen Sinnen erleben, die Stadt sehen,
hören, riechen und schmecken:
auf einem Wolkenkratzer oder
am Ufer des Lake Michigan, unter der Hochbahn oder im Loop,
am Hot-Dog-Stand und auf dem
Navy Pier erwartet Sie eine der
interessantesten Städte Nordamerikas.

AUSSICHTSPUNKTE

**John Hancock
Center Observatory** (117/D 1)
★ Vom Observatory im 94.
Stock, das 1997 aufwändig renoviert wurde, hat man eine herrliche Aussicht auf das Häusermeer
und den Lake Michigan. Auf einer eingezäunten Aussichtsplattform spürt man den heftigen
Wind – nichts für Besucher mit
Höhenangst. Zu den neuen Attraktionen nach der Renovierung
gehören so genannte sprechende
Fernrohre (sie beherrschen Eng-
lisch, Spanisch, Französisch und
Japanisch, leider kein Deutsch)
mit Soundeffekten und einer
history wall, die über die Geschichte der Stadt informiert. In
der Ticket Lobby wird in
einer Ausstellung über den Bau
des Wolkenkratzers berichtet.
Der angeblich schnellste Aufzug

der Welt ist 40 Sek. zum Observatory unterwegs. *Tgl. 9–24 Uhr, Eintritt 7 $, 875 N. Michigan, Near North, Bus 145, 146, 147, 151, U-Bahn Red bis Chicago/State*

Lake Shore Drive   (117–119/E 1–6)
Die Hauptverkehrsstraße durch die Innenstadt, auch unter »outer drive« und »US Highway 41« in den Landkarten, ist vor allem nachts einen Umweg wert, wenn der Verkehr nicht so stark ist und Sie einen herrlichen Ausblick auf die beleuchtete Skyline und den in allen Farben schimmernden Buckingham Fountain haben. Am schönsten ist die Straße zwischen Grand Av. und Wacker Dr., bei der Fullerton Av. und nördlich von Hyde Park.

Michigan Avenue Bridge (117/D 3)
Der perfekte Standort für ein Nachtfoto der beleuchteten Skyline. Der Tribune Tower und das Wrigley Building erstrahlen in gleißendem Scheinwerferlicht. Der französische Trapper Louis Jolliet, nach dem eine kleine Stadt benannt wurde, und der Jesuitenpater Marquette waren die ersten Weißen, die im September 1673 an dieser Stelle den Fluss überquerten, acht Jahre später folgte ihnen der Entdecker La Salle auf dem Weg zum Mississippi.

Sears Tower   (116/B 5)
Auch wenn die Petronas Towers in Kuala Lumpur inzwischen höher sind: Mit 110 Stockwerken und 430 m gehört der schwarze Turm mit den dunklen Fenstern noch immer zu den eindrucksvollsten Wolkenkratzern überhaupt. Von 1973 bis 1996 war der Sears Tower das höchste

Gebäude der Welt. Seine Stabilität verdankt der Mammutturm einer festen Betonplattform und neun 23 m dicken Stahlröhren, die zur Spitze hin abnehmen – ein Design des Stararchitekten Bruce Graham, der für das Büro Skidmore, Owings und Merrill arbeitet. Besucher werden mit einem langweiligen Video eingestimmt, bevor die 70-Sekunden-Reise zum Skydeck im 103. Stockwerk beginnt. Von dort hat man eine gigantische Aussicht auf das Häusermeer von Chicago und die Umgebung. In der Eingangshalle steht die Skulptur »Universe« des Künstlers Alexander Calder. *Tgl. 9 bis 23 Uhr, im Winter bis 22 Uhr, Eintritt 8 $, 233 S. Wacker Dr., westlich vom Loop, Bus 1, 7, 126, 146, 151, 156 oder El Brown, Orange bis Quincy*

Harold Washington Library Center   (117/D 4)
Das Backsteingebäude mit den blasenden Engeln ist auch architektonisch ein Genuss, vor allem der spektakuläre Winter Garden. Der eigentliche Magnet sind jedoch die Bücher. Keine andere öffentliche Bibliothek der USA verfügt über eine größere Auswahl. Für Urlauber, die nicht lesen wollen, sind besonders die wechselnden Ausstellungen, Veranstaltungen und Lesungen interessant. Das Programm erfährt man über *Tel. 312/747 43 00. Mo 9–19 Uhr, Di, Do 11–19 Uhr, Fr, Sa 9–17 Uhr, So 13–17 Uhr, geführte Touren 10 und 14 Uhr, 400 State St., Bus 11, 145, 146, 147 bis Loop, El Red bis State, Brown, Orange bis Library*

Graceland Cemetery (U/E 3)

Der Graceland Cemetery, zweifellos der schönste Friedhof der Stadt, wurde 1860 angelegt und liegt im Schatten der Apartmenthäuser an der Clark St. Im 19. Jh. gab es nur wenige öffentliche Parks in den USA, und die Friedhöfe hatten einen doppelten Zweck zu erfüllen: Sie sollten Ruhestätte für die Toten und grüne Erholungsstätte für die Lebenden sein. Zahlreiche Berühmtheiten liegen auf dem Friedhof begraben: Architekt Ludwig Mies van der Rohe, der Hersteller von Luxus-Eisenbahnwagons George Pullman, der Privatdetektiv Allen Pinkerton, Kaufhausgründer Marshall Field und der Mitbegründer der amerikanischen Baseballliga, William A. Hulbert, dessen Grabstein (natürlich) von einem Baseball gekrönt wird. *Tgl. geöffnet bis zur Dunkelheit, 4001 N. Clark St., North Side, El Brown bis Irving Park*

Rosehill Cemetery (U/E 3)

Seit 1859 ein beschaulicher Friedhof in der North Side und letzte Ruhestätte für mehrere Hundert Soldaten des amerikanischen Bürgerkriegs. Deshalb wird jedes Jahr eine Zeremonie zu Ehren der kämpfenden Truppe in dieser blutigen Auseinandersetzung abgehalten. Auch Julius Rosenwald, der Gründer des Museum of Science and Industry, und John G. Shedd, der Gründer des gleichnamigen Aquariums, liegen dort begraben. *5800 N. Ravenswood Av., North Side, Bus 49B, El Brown bis Western*

Chicago Botanic Garden (U/D1)

Zwanzig Gärten, ein Name: Der Botanische Garten von Chicago ist so groß, dass Sie in einem Bähnchen durch die Blütenpracht transportiert werden. Zu den Schmuckstücken gehören die *English Walled and Rose Gardens*, die sich auch vor einem englischen Schloss ausbreiten könnten, die *Japanese Islands* mit ihren eigenwilligen und manikürten japanischen Gärten, der *Fruit and Vegetable Garden* mit fruchtbaren Obst- und Gemüsefeldern, der *Waterfall Garden* mit seinen Wasserfällen und der *Prairie Demonstration Garden,* in dem die Flora der Prärie veranschaulicht und erklärt wird. *Tgl. 8 Uhr bis Sonnenuntergang, geführte Touren 3,50 $, 1000 Lake Cook Rd., Glencoe (30 Min. nördlich der Stadt), Vorortzug bis Glencoe*

Grant Park (117/E 4–119/E 6)

❖ Ausgerechnet A. Montgomery Ward, der legendäre Kaufhauskönig, verhinderte eine Bebauung des Areals am Lake Michigan. Seiner Initiative ist es zu verdanken, dass östlich der Michigan Av. ein 130 ha großer Park mit weitläufigen Rasenflächen entstand.

Im Sommer wird der Grant Park zum Schauplatz zahlreicher Konzerte und Veranstaltungen, in der Petrillo Music Shell an der Ecke Jackson Bd./Columbus Dr. wird im Sommer klassische Musik aufgeführt. Auffälligstes Bauwerk im Park ist der *Buckingham Fountain,* der, 1926 erbaut, einem Brunnen in Versailles nachempfunden wurde. *Bus 3, 4, 6, 146, 151 bis Michigan Av.*

Lincoln Park   (115/D–E 1–4)

★ ☼ ♣ Der größte (und vor allem längste) Park der Stadt erstreckt sich entlang dem Ufer des Lake Michigan. Die Anlagen wurden in den 70er-Jahren des 19. Jhs. auf dem ehemaligen Stadtfriedhof errichtet. Die Statue des berühmten Präsidenten, der dem Park seinen Namen gab, wurde von Augustus Saint-Gaudens geschaffen. Im Park gibt es viele Strände, den meistbesuchten Zoo der USA, ein Konservatorium, einen Golfplatz, zahlreiche Sport- und Spielplätze und zwei Museen. Zahlreiche Spazierwege und Radwege durchziehen den Park, der zum bevorzugten Revier für Jogger wurde. *Bus 22, 145, 146, 147, 151, 156*

Osaka Garden   (U/F5)

Traditioneller japanischer Garten hinter dem Museum of Science and Industry, ein Geschenk der japanischen Regierung zur Weltausstellung 1893. *Tgl. geöffnet, 5900 S. Lake Shore Dr., Hyde Park, Bus 10 bis Museum of Science and Industry*

HISTORISCHE GEBÄUDE

Historic Water Tower   (117/D 1)

Der historische Wasserturm gehört zu den wenigen Gebäuden, die dem Feuer von 1871 widerstanden, und wurde zum Symbol für das Jetzt-erst-recht-Gefühl der Bürger, die innerhalb weniger Monate eine neue Innenstadt aufbauten und Chicago zu der am schnellsten wachsenden US-Metropole im 19. Jh. machten. Der pseudogotische Turm wurde 1869 von William W. Boyington erbaut, einem bedeutenden Architekten, der zahlreiche kommerzielle Gebäude von Chicago mit seinem Revival Style beeinflusste. Auch nach dem Feuer blieb er ein gefragter Baumeister. Eigentlich war der knapp 50 m hohe Water Tower kein wichtiges Gebäude. Er hatte lediglich die Funktion, mit seinen Rohren den Wasserfluss aus dem benachbarten Pumpengebäude zu stabilisieren. Aber sein Symbolwert ist bis heute ungebrochen und macht ihn zu einer der bedeutendsten Attraktionen von

Im Sommer werden häufig rund um den Buckingham Fountain Feste gefeiert

Chicago. *800 N. Michigan Av., Magnificent Mile, Bus 11, 66, 145, 146, 147, 151, El Red bis Chicago*

Robie House (U/F 5)

Das großzügige Design und die Betonung der Horizontalen sind hervorstechende Merkmale der so genannten Prairie-School-Architektur, die an die offenen Ebenen des amerikanischen Mittelwestens erinnern soll und von dem legendären Architekten Frank Lloyd Wright entwickelt wurde. Bestes Beispiel für diese eher nüchterne Bauweise ist das 1909 errichtete Robie House in der Woodlawn Av. Ein Teil des Gebäudes wurde renoviert und ist für die Öffentlichkeit zugänglich. *Eintritt 8 $, Touren Mo–Fr 11, 13 und 15 Uhr, Sa, So halbstündlich 11–15.30 Uhr, Hyde Park, 5757 S. Woodlawn Av., Bus 55*

KIRCHEN UND GOTTESHÄUSER

Baha'i Temple (U/E 1)

Architektonisch mit dem Taj Mahal verwandt und damit eines der spektakulärsten Gotteshäuser von Chicago und Umgebung. Louise Bourgeois gestaltete den weißen Prachtbau, der von gepflegten Gärten umgeben ist und für die Gläubigen des Baha'i gebaut wurde. Die Anhänger dieser Kirche glauben an die Einheit aller Glaubensgemeinschaften und -richtungen. *Besucherzentrum im Sommer tgl. 10–22 Uhr, im Winter tgl. 10–17 Uhr, Tempel tgl. ab 7 Uhr, 100 Linden Av., Wilmette (ca. 40 Min. nördlich der Stadt), El Purple Express bis Linden*

Quinn Chapel (121/D 2)

Viktorianische Kirche der afroamerikanische Bevölkerung, seit 1847 die älteste schwarze Gemeinde der Stadt. Die Quinn Chapel African Methodist Episcopal Church wurde bereits während des Bürgerkriegs gegründet. Sogar Martin Luther King Jr. hielt hier eine Ansprache. *2401 S. Wabash Av., South Side, Bus 29 bis 24th. St.*

Rockefeller Memorial Chapel (U/F 5)

Ohne das »Kleingeld« des John D. Rockefeller, so sangen die Studenten zur Eröffnung, gäbe es keine University of Chicago. Über 35 Mio. Dollar spendete er der Universität. Die neogotische Kapelle, die heute seinen Namen trägt, ist ein monumentales Gebäude, das von Bertram G. Goodhue, dem Architekten des Empire State Building in New York, entworfen wurde. Über dem Altar wölbt sich ein kreisrundes bemaltes Fenster, und zu den häufigen Konzerten erklingt das zweitgrößte Glockenspiel der Welt. Das Gebäude ist für Besucher geöffnet. *Konzerte während des Semesters: Mi 12.15, Do 19.30 Uhr, während der Sommerferien (Juni–Aug.): So 16 Uhr, Besucher tgl. 8–16 Uhr, 5850 S. Woodlawn Av., Bus 6, 55*

Unity Temple (U/D 4)

Das Gotteshaus der Unitarian Universalist Church gilt als perfektes Beispiel für den zweckmäßigen Prairie-House-Stil von Frank Lloyd Wright. Der Architekt war gezwungen, mit einem minimalen Budget auszukommen, und ließ verstärkte Betonziegel verwenden. Im nüchternen Innenraum des Gotteshauses fühlt man sich von der Welt abgeschirmt, man steht nahe beim

Prediger und verlässt die Kirche, indem man auf ihn zugeht. Der seitliche Eingang soll Privatsphäre schaffen. Interessant auch das geometrische Design der bernsteinfarbenen Fenster, die ein eigentümliches Licht während der Andacht verbreiten. *Geführte Touren 6 $, tgl. 10–17 Uhr, im Winter Mo–Fr 12–16, Sa, So 10–17 Uhr, geführte Touren Sa, So stdl. 13–15 Uhr, Eintritt 4 $, 875 Lake St., Oak Park, El Green bis Harlem*

PLANETARIUM

Adler Planetarium (119/F 4)

Am Ufer des Lake Michigan erhebt sich das Adler Planetarium als zwölfeckiger Granitbau mit einer kupfernen Kuppel. Es wurde von Max Adler, einem leitenden Angestellten der Kaufhauskette Sears & Roebuck, gegründet und 1930 eröffnet. Von einem gewaltigen Hightech-Einsatz ist der heutige »Journey to Infinity« im StarRider Theater bestimmt: Über 150 Projektoren zaubern beeindruckende Spezialeffekte an das künstliche Firmament, der Besucher ist wie in einem gewaltigen Computerspiel interaktiv dabei und bestimmt die Richtung der Raumreise. Auf drei Stockwerken wird die Entwicklung der Astronomie mit historischen Teleskopen und anderen Exponaten verdeutlicht. Die Ausstellung zur Weltraumfahrt ist mit einem Raumanzug und echtem Marsgestein vertreten. Über einen Monitor kann man Nahaufnahmen des Mondes und anderer Himmelskörper bestaunen. Über das Internet *(www.adlerplanetarium.org)* erlebt man das Planetarium virtuell.

Eintritt 5 $, Di freier Eintritt, StarRider Theater 5 $, Mo–Do 9–17, Fr 9–21, Sa, So 9–18 Uhr, im Sommer Sa–Mi 9–18, Do, Fr 9–21 Uhr, 1300 S. Lake Shore Dr., südöstlich vom Loop, Bus 12, 127, 146

RUNDFUNK- UND FERNSEHSTUDIO

Harpo Studio (U/E 4)

Oprah Winfrey, die Talkshowkönigin der USA, gehört zu den reichsten und einflussreichsten Frauen in Amerika. In ihren Talkshows im Harpo Studio interviewt sie weltweit bekannte Stars. Das Zentrum des Oprah-Winfrey-Reiches liegt in Chicago, und auch ihre Talkshow wird dort aufgezeichnet (von Sept. bis Dez. jeweils Di, Mi, Do). Wer eines der wenigen Tickets ergattern will, muss mindestens zwei Monate vorher reservieren: *Tel. 312/591 92 22, 1058 W. Washington St., Bus 20 bis DesPlaines St.*

SEE

Lake Michigan

★ ☺ Die Skyline von Chicago spiegelt sich im Wasser eines gewaltigen Sees. Und auch wenn im Winter ein eisiger Wind über den wie ein Meer wirkenden See pfeift: Ohne den Lake Michigan wäre die Stadt nur halb so schön. Wer Chicago kennt, nutzt die wenigen Sonnentage aus, verbringt die schönen Sommertage an einem der Strände oder in einem Boot auf hoher See. Auch in nackten Zahlen weiß der Lake Michigan zu beeindrucken: 494 km ist er lang, 190 km breit, seine größte Tiefe beträgt fast 300 m, und er besitzt eine Uferlänge von sage und schreibe 2635 km.

Touristen lieben die »Untouchable Tours« auf den Spuren Al Capones

Die schönsten Ausblicke auf den See hat man vom Navy Pier, vom Shedd Aquarium und von den vielen Vergnügungsbooten.

SIGHTSEEINGTOURS

Chicago Architecture Foundation (117/D 1)

★ Die Gesellschaft bietet mehr als 60 geführte Touren an, die sich alle mit der einzigartigen Architektur von Chicago befassen. Fachkundige *guides* kennen die Geschichte der historischen Gebäude bis ins kleinste Detail und geizen auch nicht mit Anekdoten. Es werden Ausstellungen und Vorträge, die sich mit der Architektur von Chicago beschäftigen, veranstaltet. *Mo–Fr 9–19 Uhr, Sa 9.30–19 Uhr, So 9.30–18 Uhr, unterschiedliche Preise, 224 S. Michigan Av., Magnificent Mile, Bus 60, 151, El Green, Orange, Brown bis Adams, ein zweites Tour Center im John Hancock Center, 875 N. Michigan Av., Tel. 312/922 34 32, Bus 145, 146, 147, 151, U-Bahn Red bis Chicago*

Einige ausgewählte Touren:
Architecture River Cruise: Anderthalbstündige Tour, von Kennern als bestes Angebot dieser Gesellschaft angepriesen, weil es interessante Informationen mit großartigen Panoramen der Skyline verbindet. Die *guides* sind für ihre kurzweiligen und informativen Vorträge bekannt. *Mai–Okt. tgl., Ticket 18 $, Michigan Av. Bridge, Bus 2, 3, 10, 145, 146, 147, 150, 151 bis Wacker Dr.*

Chicago Duck Tours (114/C 2)

Mit bunt bemalten Amphibienfahrzeugen *(ducks)* fahren Sie über den Lake Michigan und durch die Innenstadt. *Tickets 20 $, Clark/Ontario St., Touren ab 9 Uhr, Information: Tel. 312/461 11 33*

Loop Tour Train (113/D 4)

Bei dieser Tour geht es in einem Zug der Hochbahn auf architektonische Entdeckungsreise. Jeden Samstag führen die *guides* der Gesellschaft Sie während der vierzigminütigen

Rundfahrt durch die Innenstadt. *Kostenlose Tickets im Visitor Information Center/Chicago Cultural Center, 77 E. Randolph St. Die El-Fahrt beginnt am Bahnhof Randolph/Wabash mit der Brown Line.*

The Spirit of Chicago (117/F 3)

Sightseeingtouren und Dinner Cruises mit Abendessen und Showprogramm über den Lake Michigan. Der Blick auf die abendliche Skyline von Chicago ist atemberaubend. *Tgl., Tickets 31,70–37,35 $ (Lunch Tours), 56,70–73 $ (Dinner Tours), Navy Pier, 600 E. Grand Av., Tel. 312/836 78 99, Bus 29, 56, 65, 66, 120, 121, El Red bis Grand, von dort kostenloser Trolley*

Untouchable Tours (116/C 2–3)

Auf den Spuren legendärer Gangster wie Al Capone werden Sie durch Chicago und zu den Hochburgen der wilden 30er-Jahre geführt. Die *guides* fahren als verkleidete Gangster im Bus mit und erklären historische Schauplätze wie den O'Bannion's Flower Shop, in dessen Garage das berüchtigte St. Valentine's Day Massacre stattfand. Eine der unterhaltsamsten Sightseeingtouren. *Die Touren starten vor dem Rock'n Roll McDonald's an der Ecke Clark/Ohio St., Mo–Mi 10, Do 10 und 13 Uhr, Fr 10, 13 und 19.30, Sa 10, 13 und 17 Uhr, So 11 und 14 Uhr, Tickets 20 $, P. O. Box 43 185, Chicago, IL 60 643, U-Bahn Red bis Grand*

SPORTSTÄTTEN

Wrigley Field (U/E 3)

★ Auch wenn die Chicago Cubs das Siegen längst verlernt haben, weil die Basketballriesen der Chicago Bears ihnen den Rang abgelaufen haben: Baseball ist eine amerikanische Tradition, und das Wrigley Field das Heiligtum aller Fans. Hinter den efeubewachsenen Mauern ist die Welt noch in Ordnung, schlägt das Herz des wahren Amerika. Die Anzeigetafel wird noch mit der Hand bedient, Hightech ist ein Fremdwort, auch wenn es mit Komfort nicht so weit her ist.

Wo die »Cubbies« angefeuert werden: Wrigley Field

Gespielt wird von April bis Okt., Spieltermine: Tel. 312/404 28 27. Tageskasse Mo–Fr 9–18, Sa 9 bis 16 Uhr sowie an Spieltagen, 1060 W. Addison St., U-Bahn Red bis Addison

Wer lieber die Chicago White Sox anfeuert, ist im *Comiskey Park, 333 W 35th St.* (**U/E 4**) gut aufgehoben, wessen Herz für die Bulls schlägt, geht ins *United Center, 1901 Madison St.* (**U/E 4**).

STADTTEILE

Chinatown (120/B 1–2)

Wentworth Av. und Cermak Rd. sind die belebten Achsen der chinesischen Enklave südlich vom Loop. Die ersten Kanton-Chinesen kamen bereits vor dem Ersten Weltkrieg nach Chicago und ließen sich in dem Viertel nieder, das heute als Chinatown bekannt ist. Das hölzerne Chinatown Gate und rote Pagodendächer sowie Dim-Sum-Restaurants, Gemüseläden, Teehandlungen und Bäckereien bestimmen das Erscheinungsbild des Stadtteils. Unter den chinesischen Schmuckdächern verbergen sich

Chinatown, ein Stück China südlich vom Loop

oft schlichte Backsteinhäuser, die von anderen Einwohnern erbaut wurden; sie unterscheiden sich kaum von den wenig interessanten Apartmenthäusern der eingewanderten Hongkong-Chinesen. Westliche Besucher werden vom bunten Treiben der Marktleute und den exotischen Gerüchen angezogen und kommen vor allem in den zahlreichen Restaurants auf ihre Kosten. Auf den Chinakitsch in den vielen Souvenirläden könnte man allerdings verzichten. Jenseits des Chinatown Gate liegt das eindrucksvolle *Pui Tak Center,* das Zentrum der chinesischen Kaufleute. *U-Bahn Red bis Cermak-Chinatown*

Gold Coast (115/E 4–5)

Das Seeufer zwischen Oak St. und North Av. gehört zu den teuersten Wohngegenden der Stadt. Nach dem Großen Feuer ließen sich die reichsten Bürger hier nieder, daher der Name. Heute bestimmen vornehmlich hohe Apartmentgebäude das Bild. Touristen verirren sich selten in diese Gegend, es sei denn, sie wollen sich vom Besichtigungsstress erholen. Die Ausnahme: *Oak St. Beach* zwischen Lake Shore Dr. und Lake Michigan. An der Astor St. zwischen Division St. und North Av. stehen noch einige der herrschaftlichen Häuser, die unmittelbar nach dem Großen Feuer gebaut wurden. *U-Bahn Red bis Clark/Division*

Hyde Park/University
☞ siehe Karte S. 24

Der ehemalige Vorort im Süden von Chicago, nach dem Vorbild einer kleinen Stadt in New England angelegt, wurde von der großen Stadt aufgesogen und

Entpannen an der Lakefront: Oak Street Beach

wirkt heute wie eine Oase im Schatten der University of Chicago.

Auf dem Gelände der Universität und in ihrer Umgebung herrschen parkähnliche Straßen und Wohnbereiche mit europäischem Ambiente vor. Hier befindet sich auch das weltberühmte Museum of Science and Industry. Es ist das einzige Gebäude, das von der Weltausstellung 1893 übrig blieb, und vermittelt einen Eindruck dieser denkwürdigen und monumentalen Veranstaltung. Die University of Chicago war bei ihrer Gründung als Konkurrenz zu Harvard und Yale geplant. Sie brachte immerhin mehr als 60 Nobelpreisträger hervor, aber einen legendären Ruf wie die anderen Hochschulen hat sie nie erlangt. Ihre Gebäude erinnern an die Universitäten in England, besonders das *International House,* die Begegnungsstätte für internationale Studenten, und die *Ida Noyes Hall* mit der riesigen Bibliothek. In der Nähe auch einige Häuser des Architekten Frank Lloyd Wright. *Bus 10 bis Hyde Park*

Lincoln Park/Lakeview (U/E 3)

Die beste Wohngegend der Stadt liegt westlich vom Lincoln Park. Zwischen Lincoln Av. und Halsted St. liegen einige der besten Restaurants und Bars der Stadt. Nahe der DePaul University haben sich einige »Off-Loop«-Theater etabliert. Lakeview wurde zur Heimat zahlreicher Schwuler und Lesben und hat die entsprechenden Clubs aufzuweisen. Die Umgebung von Wrigley Field, eine gediegene Wohngegend, wird auch Wrigleyville genannt. *El Brown, Red bis Fullerton*

Little Italy (U/E 5)

Westlich von der University of Illinois at Chicago wird Italienisch gesprochen. In der Taylor St. und den umliegenden Straßen wohnen vor allem Nachkommen italienischer Einwanderer, die vor einigen Jahrzehnten aus der Toskana gekommen sind. Das Viertel gibt architektonisch nicht viel her, und Sehenswürdigkeiten gibt es dort auch nicht, aber wer während seines Amerika-Urlaubes italienische Atmosphäre schnuppern oder ländlich-italie-

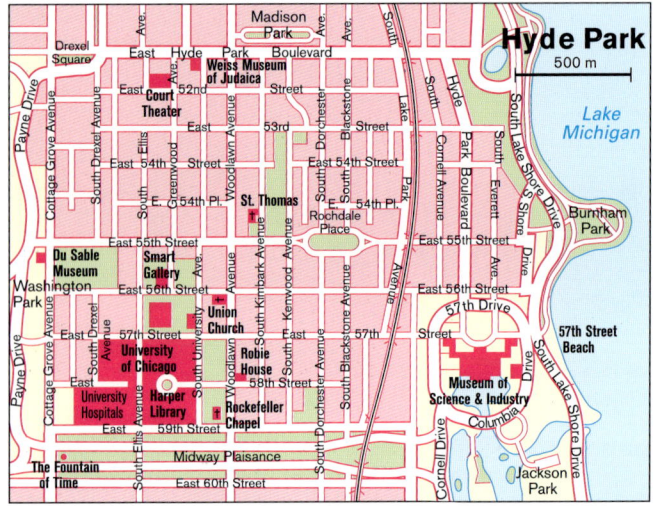

nisch essen will, findet in diesem Viertel die richtigen Adressen. Zahlreiche Restaurants und Straßencafés vermitteln mediterranes Ambiente. Beinahe schon Kultstatus besitzt *Mario's Italian Lemonade (1070 W. Taylor St.),* dort verkaufen Mario und seine Freunde ihre Limonade. *El Blue bis Medical Center*

The Loop (116–117/C–D 4–6)

★ ☼ Synonym für die geschäftige Innenstadt von Chicago, die längst über den Ring (»Loop«) aus Hochbahnschienen geschwappt ist und durch den Chicago River im Norden und Westen, die Michigan Av. im Osten und die Roosevelt Av. im Süden begrenzt wird. Aber das Herz der Stadt schlägt noch im Loop, im Marshall Field's, bei Carson Pirie Scott und in den Läden der geschäftigen State St., im Financial District, im Art Institute of Chicago, beim Chicago Symphony Orchestra und in der Lyric Opera of Chicago, im Harold Washington Library Center und in den zahlreichen Restaurants. Um das wahre Chicago kennen zu lernen, sollten Sie sich mit den Passanten über die State St. treiben lassen, nur während der Rushhour (zu viel Verkehr) und nachts (Kriminalität) sollten Sie den Loop meiden. *Alle Linien zum Loop*

North Town/Andersonville (U/E 3)

Im Nordteil der Stadt haben sich ethnische Minderheiten und Einwanderer niedergelassen, die während der letzten Jahrzehnte nach Chicago kamen. Die Gegend um Argyle St. und North Clark St. ist fest in chinesischer und vietnamesischer Hand, nördlich davon wohnen skandinavische Einwanderer in Andersonville. Der kleine Ort strahlt viel Ruhe aus, und die kleinen Läden mit skandinavischem Kunsthandwerk lohnen einen Ausflug. *Rogers Park,* ehemals eine jüdische

Gemeinde, wurde zur Heimat für Asiaten, Inder und Russen. *U-Bahn Red bis Howard*

Old Town (114–115/D 4–5)

★ Westlich der North Dearborn St., an der North Wells zwischen Division St. und North Av., liegt Old Town, das Vergnügungsviertel der Stadt. Die North Av. war ursprünglich als »German Broadway« bekannt, weil sich dort um 1840 viele deutsche Einwanderer niederließen. Die deutsche Tradition wurde mit der berühmten Oscar Mayer Wurstfabrik, einer Brauerei und einer Klavierfabrik hochgehalten. Heute erinnern nur noch einige Clubs an die deutsche Vergangenheit, denn nach der Depression ließen sich vor allem Künstler anderer Nationen in dem Viertel nieder. Die Boheme löste deutschen Arbeitseifer ab. Während der 60er- und 70er-Jahre war Old Town die Heimat der Flower-Power-Kinder. Heute werden die viktorianischen Häuser vor allem von besser verdienenden Angestellten bewohnt. *U-Bahn Brown bis Sedgwick*

Pilsen (U/E 4)

Vor dem Zweiten Weltkrieg war das Viertel nördlich der West Cermak Rd. die bevorzugte Heimat der böhmischen Einwanderer. An Böhmen erinnern heute nur noch die roten Backsteinhäuser und der Name des Stadtteils, seit einigen Jahren dominiert die spanische Sprache an der West 18th St., und es wird wohl nicht mehr lange dauern, bis »Pilsen« durch »Little Mexico« ersetzt wird. Nur im schnelllebigen Chicago kann ein Stadtteil so abrupt seine Identität ändern.

Pilsen ist ein echtes Künstlerviertel. An der Halsted St. zwischen 18th und 19th St. treffen sich die Künstler in einem versteckten Hinterhof mit einem wunderschönen Garten. Jedes Jahr im September öffnen sie während des *Pilsen Artists' Open House* ihre Ateliers. Abends sollten Sie die Gegend besser meiden. Ein Kunstwerk an sich ist die Hochbahnstation an der 18th St.: Unbekannte Künstler haben die Wände des Bahnhofs mit präkolumbisch angehauchter Malerei verziert. Natürlich sind auch die Restaurants in Pilsen fest in mexikanischem Besitz. *U-Bahn Blue bis Western*

River North (116–117/C–D 2–3)

Abseits der Glitzermeile, im Westen der Ontario St. und der umliegenden Straßen, erstreckt sich ein ehemaliges Lagerhausviertel, das – ähnlich wie SoHo in New York – zu einer schicken Gegend mit Kunstgalerien, Antiquitätenläden, kleinen Restaurants und Cafés umgestaltet wurde. Künstler und jene, die es gerne wären, residieren in umgebauten Mansardenwohnungen, und im Licht der Laternen trifft sich die intellektuelle Schickeria. *U-Bahn Blue bis Chicago, Red bis Grand*

Wicker Park/Bucktown (U/E 3)

Hip, hipper, Wicker Park – das ehemalige Arbeiterviertel westlich der Gold Coast wurde im späten 19. Jh. von Deutschen und Polen besiedelt, wurde dann von lateinamerikanischen Künstlern entdeckt und gilt seit ein paar Jahren als absoluter Szenetreff. Eine Vielzahl von Künstlern und Möchtegernkünstlern ließ sich in dem Viertel nieder, gefolgt von den unvermeidlichen Kaffeehäusern, in den USA das sichtbare Indiz dafür, dass eine Gegend *up to date* ist. Hypermoderne Restaurants und kultige Clubs geben der Gegend einen künstlichen Anstrich, sehr zum Leidwesen der echten Freischaffenden, die schon seit einigen Jahrzehnten dort wohnen. Jedes Jahr im September, während des Festivals »Around the Coyote«, veranstalten viele Ateliers einen Tag der offenen Tür. Das bekannteste Gebäude des Stadtteils ist das *Flat Iron Building* mit zahlreichen Ateliers und Galerien. *U-Bahn Blue bis Damen*

STRASSEN

Magnificent Mile   (117/D 1–3)
★ Die North Michigan Av., zwischen der Brücke über den Chicago River und der Oak St. auch als *Magnificent Mile* (Großartige Meile) bekannt, markiert das eleganteste Viertel von Downtown Chicago. An dieser Prachtstraße, einer der schönsten der USA, werden Trends gesetzt oder aus Europa importiert, schlürft man seinen Cappuccino oder Espresso, trifft man sich zum Window Shopping, wenn das Ersparte für die unerhörten Preise nicht reicht. Hier befinden sich einige der teuersten Hotels, Restaurants und Boutiquen. *U-Bahn Red bis Chicago*

Printer's Row   (116/C 6)
Von 1880 bis 1950 war die Dearborn St. südlich des Jackson Bd. das Zentrum der Druckindustrie. Über den Plymouth Court und die Federal St. wurde bedrucktes und unbedrucktes Papier zur nahen Dearborn Station gebracht.

Bis 1950 wurde die Congress St. erweitert und das Papier mit Lastwagen über den neuen Freeway transportiert. Der älteste Bahnhof von Chicago wurde in ein kleines Einkaufszentrum umgewandelt, und in den Lagerhäusern entstanden Ateliers und großzügige Wohnungen. Mit ihren schicken Restaurants und Läden wird die ehemalige Printer's Row als interessante Alternative zur Gold Coast und zu Old Town angesehen. *El Brown, Orange bis Library*

VERGNÜGEN

Disney Quest   (117/D 3)
🚶 Ein virtueller Vergnügungspark mitten in der Stadt: In vier Bereichen dürfen sich die Kids der neuen »Generation @« nach Herzenslust in künstlichen Computerwelten austoben. In der *Explore Zone* geht es mit Hercules in den Hades oder in Schlauchbooten auf eine virtuelle Erkundungsfahrt durch den Dschungel, in der *Score Zone* wird in neuen 3-D-Welten um Punkte gekämpft, in der *Create Zone* ist die Phantasie gefragt, die *Replay Zone* ist ein bunter Jahrmarkt für Computerkids. *55 East Ohio St., Magnificent Mile, Bus 3, 140, 151, U-Bahn Red bis Chicago*

Navy Pier   (117/F 3)
🚶 Das Navy Pier wurde während des Ersten Weltkriegs gebaut, war im Zweiten Weltkrieg ein Trainingszentrum für Marinepiloten und wurde 1995 zu einem Vergnügungszentrum mit Restaurants, Läden und Karussells umgebaut. Unter einer Glaskuppel wachsen Palmen und Blumen, schöne Brunnen lassen ihre

Wasser tanzen. Das 15 Stockwerke hohe Riesenrad wurde dem Original von der Weltausstellung 1893 nachempfunden. Weitere Attraktionen auf dem Pier: eine Eisbahn, ein IMAX-Kino, ein Hightech-McDonald's und die Skyline Stage für Open-Air-Konzerte. *So–Do 10–22, Fr, Sa 10–24 Uhr, im Winter Mo–Sa 10–22, So 10–19 Uhr, 600 E. Grand Av., Bus 29, 56, 65, 66, 120, 121, U-Bahn Red bis Grand/State, von dort kostenloser Trolley*

WOLKENKRATZER

Carbide and Carbon Building (117/D 4)

Aus einem Fundament aus schwarzem Granit erhebt sich der wohl eindrucksvollste Art-déco-Wolkenkratzer der Stadt. Seine Mauern sind mit dunkelgrünem Terrakotta verkleidet, die Spitze wurde mit Blattgold verziert. Angeblich haben die Burnham Brothers, nach deren Plänen dieses Gebäude 1929 gebaut wurde, dieses Design einer in Goldfolie verpackten Champagnerflasche abgeschaut. *230 N. Michigan Av., Loop, Bus 3 bis S. Water St., El Green, Orange, Brown bis Randolph*

Chicago Board of Trade (116/C 6)

★ Seit 1930 residiert die Börse in einem der schönsten Wolkenkratzer der Stadt. Weil die Börse im 19. Jh. vor allem den Getreidehandel organisierte, blickt Ceres, die griechische Göttin des Getreides, von der Spitze des Gebäudes herab. Vom Besucherzentrum im fünften Stock kann man das hektische Treiben im Innern beobachten. Die geheimnisvollen Handzeichen der Bör-

Moderne Kunst auf dem Navy Pier

sianer werden in einer Broschüre erklärt. Noch eindrucksvoller als der Handel mit den ganzen Wertpapieren ist das Gebäude selbst. Verspielte Art-déco-Motive schmücken den Wolkenkratzer, der 1980 durch einen modernen Anbau des Architekten Helmut Jahn ergänzt wurde. Ein weiterer Anbau entstand 1997. *Mo–Fr 8–14 Uhr, 141 W. Jackson Blvd., Loop, Bus 1, 7, 60, 126, 151, 156 oder El Blue, Red bis Jackson*

Chicago Tribune Tower (117/D 3)

Einem Architekten-Wettbewerb hat die Chicago Tribune ihr imposantes Verlagsgebäude zu verdanken. Raymond Hood und John Mead Howells gewannen, und an der Michigan Av. entstand ein neugotischer Prachtbau, der mit seinen 46 Stockwerken an eine gewaltige Kirche erinnert. In die Außenmauer wurden Steine der berühmtesten Gebäude der Welt eingelassen, u. a. von der Berliner Mauer, der Cheops-Pyramide in Ägypten, dem Kolosseum in Rom, der Mauer in

China, der Westminster Abbey in London und dem Petersdom in Rom. In der Eingangshalle sind die Titelseiten wichtiger Ausgaben der Chicago Tribune ausgestellt. Sie berichten von dem großen Feuer in Chicago und dem Eintritt der USA in den Ersten Weltkrieg. Der Radiosender WGN, eine Institution in Chicago, sendet live aus der Lobby. *Tgl. tagsüber geöffnet, 435 N. Michigan Av., Magnificent Mile, Bus 3, 11, 29, 65, 147, 151, 157, U-Bahn Red bis Grand*

James R. Thompson Center (116/C 4)

Das ehemalige State of Illinois Center gehört bis heute zu den umstrittensten modernen Gebäuden in Chicago. Die gewagte Konstruktion wurde in den 80-er Jahren von Helmut Jahn, dem weltbekannten deutschen Architekten, entworfen und gegen den Widerstand vieler offizieller Stellen durchgesetzt. Immerhin sind in dem Wolkenkratzer zahlreiche Ämter untergebracht. Helmut Jahn: »Ein Wunder, dass ich dieses Gebäude realisieren konnte!«

Auf Widerstand stieß vor allem die Farbgebung: Blau, Orange und Silber dominieren in dem Riesengebäude aus Stahl und Glas, und der atemberaubende Lichthof, der erst im 17. Stockwerk von einer zylinderförmigen Krone abgeschlossen wird, vermittelt dem Besucher den Eindruck, sich in einem Raumschiff oder in einer Raumstation zu befinden. Das Gebäude wurde nach dem langjährigen Gouverneur von Illinois benannt. *100 W. Randolph St., Loop, U-Bahn/El Blue, Brown, Orange, Green bis Clark*

Marquette Building (116/C 5)

Das E-förmige Gebäude, typisch für den Chicago Style des frühen Chicago, wurde von William Holabird und Martin Roche entworfen. Die beiden Architekten gestalteten um 1900 zahlreiche Gebäude in der Stadt. Die breiten Fenster versorgten alle Räume mit Tageslicht. Kunstvolle Reliefs über dem Hauptportal und Mosaike auf den Marmorwänden der Eingangshalle erzählen aus dem Leben des Entdeckers Jacques Marquette, der als erster Weißer über die Gegend berichtete, in der Chicago entstand. Nach ihm wurde das Gebäude benannt. *140 S. Dearborn, Loop, Bus 60, 130, 151, El Blue, Red bis Monroe*

Merchandise Mart (116/B 3)

Architektonisch hat das 1931 errichtete Gebäude wenig zu bieten, aber als größtes Lagerhaus der Stadt ist es über die Stadtgrenzen hinaus bekannt. Seine Fläche wird nur vom Pentagon übertroffen. Ursprünglich sollten in den riesigen Hallen nur die Waren von Kaufhauskönig Marshall Field gelagert werden, inzwischen haben sich Läden, Cafés und Restaurants in den unteren beiden Stockwerken einquartiert, und oben werden Möbel gelagert. In der Eingangshalle erzählen bunte Wandgemälde von den Handelsnationen der Erde. *Zwischen Wells und Franklin St., westlich vom Loop, El Brown bis Merchandise Mart*

Monadnock Building (116/C 6)

Um die Jahrhundertwende galt das mächtige Monadnock Building als größtes Bürogebäude der Welt. Die nördliche Hälfte des sechzehnstöckigen Hauses wurde aus massiven Ziegelsteinen gefertigt und von einer Fachzeitschrift der damaligen Zeit als riesiger Kamin verspottet, der südliche Teil wurde um ein Stahlgerüst gebaut. Die Baumeister – untypisch für diese Zeit – verzichteten auf jegliche Ornamente, verstanden ihre Konstruktion als nüchternes Geschäftsgebäude. Die südliche Hälfte wurde mit ihrem Stahlrahmen zum Vorbild für zahlreiche Wolkenkratzer der Art-déco-Ära. *53 W. Jackson Bd., Loop, Bus 60, 130, 151, El Blue, Red bis Jackson*

The Rookery (116/C 5)

Seinen Namen (Vogelhaus) hat das Gebäude von dem Rathaus, das früher an dieser Stelle stand und in dem nach dem großen Feuer von 1871 die Vögel nisteten. Das elfstöckige Haus, damals ein Wolkenkratzer, wurde 1888 fertig gestellt. Der berühmte Architekt Frank Lloyd Wright renovierte 1907 die Lobby. Außen fallen römische und maurische Motive und verspielte Art-déco-Ornamente auf, innen dominiert die großzügige und zweckmäßig orientierte Architektur von Wright. 1992 wurde die Rookery noch einmal renoviert, dabei kamen auch die Originalverzierungen des ursprünglichen Architekten zum Vorschein. *Tagsüber geöffnet, 209 La Salle St., Loop, Bus 1, 22, 60, 151, El Brown und Orange bis Quincy*

ZOOLOGISCHE GÄRTEN

John G. Shedd Aquarium (119/E 4)

★ Ein Korallenriff mitten in Chicago: Haie, Barrakudas und eine Vielzahl von farbenprächtigen Fischen tummeln sich in den zahlreichen Fluss- und Seenlandschaften im wahrscheinlich größten überdachten Aquarium der Welt. Das künstliche Meer liegt in einem achteckigen Marmorbau und beeindruckt mit einer tropischen Unterwasserwelt. Taucher füttern die Fische am Caribbean Reef und erklären die Eigenheiten der Meeresbewohner. Das Becken, das elf Millionen Liter Meerwasser fasst, wirkt vor dem Hintergrund des Lake Michigan, der durch große Fenster im neuen Ozeanarium zu erkennen ist, fast irreal. Im Salzwasser tummeln sich Belugawale, Delphine, Seeotter und Seelöwen aus amerikanischen Gewässern. In zahlreichen Ausstellungen werden Charakter und Lebensweise der Meeresbewohner erklärt. *Eintritt 11 $, tgl. 9–18, Do bis 21 Uhr, im Winter Mo–Fr 9–17, Sa, So 9–18 Uhr, 1200 S. Lakeshore Dr., Near South, Bus 6, 10, 12, 130, 146 bis Michigan Av.*

Lincoln Park Zoo (115/D 1–2)

★ Freier Eintritt und das ganze Jahr geöffnet – das gibt es nur im Lincoln Park Zoo, einem der schönsten und größten zoologischen Gärten der USA. Über tausend Säugetiere, Vögel und Reptilien leben in den phantasievoll gestalteten Gehegen der Anlage, aber auch Elefanten, Gorillas, Nashörner und Raubkatzen. Seit 1997 haben die kleinen Vertreter gefährdeter Spezies in einem »Small Mammal – Reptile House« einen sicheren Unterschlupf gefunden. *Eintritt frei, Mo–Fr 10–17, Sa, So 10–19 Uhr, im Winter bis 17 Uhr, 2200 N. Cannon Dr., Lincoln Park, Bus 151, 156 bis Lincoln Park*

Zwei Stunden im Museum

Chicago als Zentrum weltbekannter Museen –
vom legendären Museum of Science and Industry bis zum
kleinen, aber feinen Ukrainian National Museum

Die Weltausstellung 1893 bewies, wie stolz man schon damals in Chicago auf die Errungenschaften von Kunst, Wissenschaft und Technik war. Damals feierte man die (angebliche) Überlegenheit des menschlichen Geistes mit einem monumentalen Fest, und auch beim Bau der renommierten Museen zeigten sich die Bewohner wenig bescheiden: Das Museum of Science and Industry, das Field Museum of Natural History und das Art Institute of Chicago, die drei Vorzeigemuseen der Stadt, sind allesamt in klassizistischen Prachtbauten untergebracht.

Chicago ist zweifellos eine Museumsstadt, die bei vielen Besuchern höher im Kurs steht als New York, weil die Museen eine größere Bandbreite haben und liebevoller gestaltet sind. Interaktiv heißt das Zauberwort. Aus dem *hands up* (Hände hoch) der Gangsterära wurde ein *hands on*

Klassizistischer Prachtbau und
interaktiver Ort des Lernens:
das Museum of Science and Industry

(Hände drauf). In den Museen von Chicago darf (fast) alles angefasst werden, wird der Besucher auf spielerische und aktive Weise an die Geheimnisse von Wissenschaft und Technik herangeführt. Mit allen Sinnen und den neuesten Mitteln der Computertechnik erkundet er die dargestellten Wissensgebiete – ein Paradies vor allem für Kinder, die in diesen Museen nicht nur geduldet, sondern erwünscht sind. In fast allen Museen ist an einem Tag der Woche der Eintritt frei. Dann ist allerdings auch der Andrang am größten.

American Police Center and Museum (118/C 6)

Während der 60er-Jahre hatte es die Chicago Police besonders schwer. Gewalttätige Demonstrationen gegen den Krieg in Vietnam und blutige Rassenunruhen erschütterten die Stadt. Unter dem Eindruck dieser schweren Auseinandersetzungen gründeten einige Freunde und Familienangehörige von Polizisten das kleine Museum. Um ein besseres Verständnis für die Arbeit der Polizei zu wecken, werden Uniformen, Ausrüstung und andere Ausstellungsstücke aus der Geschichte und der Arbeit des *law enforcement* gezeigt. Unter den gezeigten Waffen ist auch eine abgesägte Schrotflinte von Al Capone. In einer *memorial corner* wird der Polizisten gedacht, die in Ausübung ihres Berufs ums Lebens kamen. Neu ist die Ausstellung zur Geschichte der weiblichen Polizisten. *Mo–Fr 9.30–16.30 Uhr, Eintritt 4 $, 1717 S. State St., South Side Bus, 29, 44, 62, 164 bis 18th St.*

The Art Institute of Chicago (117/D 5)

★ Zwei Bronzelöwen des amerikanischen Bildhauers Edward L. Kemeys bewachen den Haupteingang des renommierten Art Institute, das anlässlich der Weltausstellung 1893 errichtet wurde und in den folgenden Jahrzehnten ständig erweitert und immer wieder renoviert wurde, zuletzt 1987. Führende Geschäftsleute

hatten sich entschlossen, der Welt die kulturellen Schätze der Stadt zu zeigen. Eigentlich waren die Chicagoer Architekten Daniel Burnham und John Wellborn Root mit dem Bau beauftragt, aber Root starb überraschend, und Burnham war bereits mit der Gestaltung der Weltausstellung ausgelastet. Deshalb beauftragte man eine Bostoner Firma, das Gebäude im klassischen Stil zu errichten. Eine elegante Freitreppe führt zu den Ausstellungsräumen.

Im zweiten Stock ist die europäische Kunst nach Epochen geordnet, vom Mittelalter bis zu den späten Impressionisten. Gemälde und Skulpturen bekannter Künstler sind in großzügigen Räumen untergebracht und erstrahlen im Tageslicht in ihrer ganzen Pracht. Holländische Meister wie Rembrandt, der Spanier El Greco, besonders aber große Impressionisten wie Monet, Renoir, Manet und Degas sind mit bekannten Werken ver-

Eingang zum Art Institute, das vor allem durch seine Sammlung von Impressionisten berühmt wurde

MARCO POLO TIPPS FÜR MUSEEN

1 The Art Institute of Chicago
Seit fast einem Jahrhundert bewachen die beiden Bronzelöwen wertvolle Kunst aus zwei Jahrtausenden (Seite 32)

2 Chicago Children's Museum
Spielerisch lernen – in einem Paradies für Kinder (Seite 33)

3 Chicago Historical Society
Alles über die Weltausstellung von 1893 und den »Schweinemetzger für die Welt« (Seite 34)

4 The Field Museum of Natural History
Sue, der größte T-Rex der Welt, und andere Naturwunder (Seite 34)

5 Museum of Contemporary Art
Experimentelle Kunst seit 1945 (Seite 36)

6 Museum of Science and Industry
Das größte interaktive Museum der Welt – das absolute Highlight unter den Museen in Chicago (Seite 36)

treten. Das Museum rühmt sich der weltgrößten Sammlung von Monet-Gemälden. Zu den anderen Schätzen des Art Institute gehören Marc Chagalls bunte Glasfenster und Georgia O'Keefes »Sky Above the Clouds«, das größte Gemälde des Museums. Die moderne Kunst ist mit Namen wie Picasso, Grant Wood und Edward Hopper vertreten. Weniger überlaufen sind die Ausstellungen asiatischer und afrikanischer Kunst und die Fotografien im Erdgeschoss. Dort befindet sich auch ein *Education Center* für kleine Besucher. Eltern dürfen mitmachen. *Mo, Mi, Do, Fr 10.30–16.30 Uhr, Di 10.30–20 Uhr, Sa 10–17 Uhr, So 12–17 Uhr, Eintritt 8 $, Di frei, 111 S. Michigan Av., Grant Park, Bus 3, 4, 60, 145, 147, 151, El Green, Brown, Orange bis Adams*

Chicago Atheneum (117/D 5)
Im Museum für Architektur und Design werden die Ornamente historischer Gebäude und die Designs moderner Architektur dargestellt und erklärt. *6 N. Michigan Av., Di–Sa 11–18, So 11 bis 17 Uhr, Eintritt 3 $, El Orange, Brown, Green bis Madison*

Chicago Children's Museum (117/F 3)
★ ⚘ Spielerisch lernen dürfen Kinder in diesem Museum, das speziell für sie eingerichtet wurde und vor einigen Jahren auf den Navy Pier umgezogen ist. Hier darf alles angefasst werden. In der Ausstellung *Waterways* lernen kleine Besucher die Bedeutung und den Nutzen des Wassers kennen, indem sie kleine Dämme bauen, Brunnen gestalten und sich (natürlich) herrlich nass spritzen. Auf einem drei Stockwerke hohen Segelschiff können sie nach Herzenslust herumklettern. *Face to Face: Dealing with Prejudice and Discrimination,* eine eindrucksvolle Multimediashow, soll helfen, Vorurteile

aller Art abzubauen. *Playmaze* ist eine Modellstadt, in der Kinder unter 5 spielen dürfen. Auch jung gebliebene Erwachsene lieben das Museum. Nördlich des Geländes laden der *Jane Addams Park* und der *Milton Lee Olive Park* zum Spazierengehen und Ausruhen ein. *Di–So 10–17 Uhr, Eintritt 6 $, Do 17–20 Uhr frei, Navy Pier, 700 E. Grand Av., östlich vom Loop, Bus 29, 56, 65, 66, 120, 121, El Red bis Grand/State, von dort kostenloser Trolley*

Chicago
Historical Society   (115/D–E 4)

⭐ Kein trockenes Museum, wie der Name vermuten lässt, sondern lebendige Ausstellungen zur Geschichte von Chicago und den USA. Die Entwicklung der Stadt am Lake Michigan wird von ihrer Gründung als Wildnisposten bis zum 20. Jh. nachgezeichnet. Zahlreiche Fotografien und Dokumente belegen den unternehmerischen Geist, der die Bürger von Chicago im Laufe der Geschichte auszeichnete. In der Dokumentation »We, the People: Creating a New Nation 1765–1820« werden bewegende Ereignisse aus der Besiedlungszeit des Landes geschildert. Wechselnde Ausstellungen beschäftigen sich mit dem alltäglichen Leben in der Pionierzeit. *Mo–Sa 9.30–16.30, So 12–17 Uhr, Eintritt 5 $, 1601 N. Clark St., Lincoln Park, Bus 11, 22, 36, 72, 151, 156 bis Lincoln Park*

DuSable Museum of
African-American History   (U/F 5)
☛ siehe Karte S. 24

Gerade eine Stadt wie Chicago, in der fast die Hälfte aller Einwohner afrikanische Vorfahren

hat, braucht ein solches Museum: DuSable zeigt Geschichte und Kultur der schwarzen Amerikaner. Die Ausstellung konzentriert sich auf die Zeit zwischen 1930 und 1970, insbesondere auf den kulturellen Schub nach der Depression und das künstlerische Wiedererwachen der afrikanischen Kultur in den 60er-Jahren. Im Auditorium werden Jazz- und Blueskonzerte, Lesungen und andere Veranstaltungen abgehalten. *Mo–Sa 10–17, So 12–17 Uhr, Eintritt 3 $, Do frei, Hyde Park, Bus 3, 4, 55, U-Bahn Red, Blue bis Washington*

The Field Museum
of Natural History   (119/E 4)

⭐ Naturgeschichte im Überfluss: Nur ein Bruchteil der über 20 Mio. Objekte, die sich im Besitz des Field Museums befinden, ist in dem klassizistischen Prachtbau des Architekten Daniel Burnham ausgestellt. Zur Weltausstellung von 1893 waren die Artefakte noch im heutigen Museum of Science and Industry untergebracht. Seit 1921 gehört das Field Museum zu den größten und eindrucksvollsten Museen der Welt. Neuestes Prachtstück ist das Skelett von Sue, des größten Sauriers der Welt, das 1990 in South Dakota gefunden wurde. Allein der Schädel des Monstrums wiegt eine Tonne!

Der Alltag und die Riten der ägyptischen Pharaonen wurden mit den Ausgrabungsstücken aus dem Grab von Unis-Ankh nachgestellt, sogar einen Marktplatz aus dieser Zeit hat man errichtet. Seit der Jahrtausendwende läuft die Ausstellung »Underground Adventure«, eine Reise in die Miniaturwelt der unterirdischen

Das Field Museum of Natural History birgt Exponate aus aller Welt

Prärie von Illinois. Dabei haben die Zuschauer den Eindruck, bis auf Käfergröße geschrumpft zu sein. *Tgl. 9–17 Uhr, Eintritt 7 $, Mi frei, Roosevelt Rd. at Lakeshore Dr., Grant Park, Bus 6, 10, 12, 130, 156 bis zum Museum*

Frank Lloyd Wright
Home and Studio (U/D 4)

Das einfache Wohnhaus, das der weltbekannte Architekt bereits als Zweiundzwanzigjähriger entwarf, ist vielleicht das beste Beispiel seiner künstlerischen Vision. In seinem eigenen Wohnhaus und Studio brauchte er keine Rücksicht auf die Vorstellungen eines Auftraggebers zu nehmen. Zwischen 1889 und 1909 ließ er das Haus ständig nach seinen Vorstellungen verändern. Mit kunstvollen Glaskonstruktionen und kühnen geometrischen Formen erstaunte er selbst seine Kollegen. Jedes Zimmer kam seinen Anforderungen auf ideale Weise entgegen. Haus und Studio blieben so erhalten und eingerichtet, wie sie 1909 bei seinem Auszug ausgesehen haben. *Nur geführte Touren, Mo–Fr 11, 13 und 15, Sa, So 10, 15.30 Uhr, Eintritt 8 $, 951 Chicago Av., Bus 23, Oak Park, U-Bahn Blue bis Harlem*

International Museum of
Surgical Science (115/E 4)

Für alle, die sich für Medizin interessieren. Zu sehen sind chirurgische Instrumente. *1524 N. Lake Shore Dr., Di–Sa 10–16 Uhr, Eintritt frei, Bus 151 bis Lincoln Park*

Mexican Fine Arts
Center Museum (U/E 4)

Mexikanische Kunst in Pilsen, dem Wohnviertel der mexikanischen Einwanderer: Das vorbildliche Museum zeigt die ganze Bandbreite lateinamerikanischer Kunst, von präkolumbischen Götterstatuen bis zur Avantgarde junger mexikanischer Einwanderer. Unter den über tausend Objekten, die zurzeit ausgestellt sind, befinden sich Gemälde mexikanischer Meister wie Rivera,

Orozco und Siqueiros, Folk Art der Linares-Familie und zeitgenössische Kunst von Carmen López Garza. Den »Tag der Toten«, der acht Wochen gefeiert wird und im September beginnt, begleitet das Museum mit besonderen Ausstellungen und Programmen in der eigenen Radiostation WRTE (90,5 FM). *Tgl. außer Mo 10–17 Uhr, Eintritt frei, 1852 W. 19th St., Pilsen, Bus 9, U-Bahn Blue bis 18th*

Museum of Contemporary Art (117/D 2)

★ Über die nüchterne Fassade und die etwas düstere Erscheinung des Museums für zeitgenössische Kunst – so stellen sich einige Kritiker das Museum einer mittelgroßen Stadt in Deutschland vor – ist man in Chicago geteilter Meinung. Josef Paul Kleihues aus Berlin (wahrlich keine mittelgroße Stadt) hat den Bau zu Beginn der 90er-Jahre des 20. Jhs. entworfen. Aber über die ständig wechselnden Ausstellungen moderner Kunst seit 1945 gibt es keine Diskussionen. Über 7000 Objekte von bekannten Künstlern wie René Magritte, Ed Paschke, Claes Oldenburg, Andy Warhol, Max Ernst und Christo sind in den neuen Hallen ausgestellt. Besonderer Wert wird in dem Museum auf die Darstellung experimenteller Kunst in unterschiedlichen Bereichen gelegt: Malerei, Fotografie, Video, Tanz, Musik und Performance. Einige Künstler sind mit interessanten Retrospektiven vertreten. Vom *M Café* blickt man hinab auf moderne Statuen in einem Garten. *Di, Do, Fr 11–18, Mi 11–21, Sa, So 10–18 Uhr, Eintritt 6,50 $, am ersten Di im Monat frei, 220 E. Chicago Av., Magnificent Mile, Bus 3, 10, 11, 66, 125, 145, 146, 151, U-Bahn Red bis Chicago*

Museum of Science and Industry (U/F 5)

☞ **Siehe Karte S. 24**

★ Seit 1933 eine weltberühmte Institution in Chicago und Vorbild für alle anderen interaktiven Museen der Welt: Das Museum of Science and Industry sollte auf der Liste von Attraktionen, die man in der Stadt besichtigen will, ganz oben stehen. Bereits der erste Eindruck ruft Staunen hervor: Der klassizistische Prachtbau war der »Palace of Fine Arts« während der Weltausstellung von 1893. Für die über 2000 Ausstellungen und Präsentationen sollten Sie mindestens drei Stunden einplanen. Auf keinen Fall versäumen sollten Sie die im offiziellen Lageplan durch farbige Piktogramme hervorgehobenen Attraktionen. Am bekanntesten wurde die originalgetreue Nachbildung eines Kohlebergwerks, in das man mit einem Förderkorb hinabfahren kann. Andere Highlights: der Gang durch ein deutsches U-Boot aus dem Zweiten Weltkrieg (in einem interaktiven Spiel muss man feindliche Schiffe erkennen und ihnen ausweichen) und eine teilweise zerlegte Boeing 727 (das Cockpit steht offen), eine Brutstation für Küken (man sieht die Küken aus den Eiern schlüpfen), ein menschliches Herz, in dem man sich frei bewegen kann, Apollo- und Mercury-Raumkapseln samt einem Mondfelsen von der Apollo-17-Mission, eine Main St. um die Jahrhundertwende (mit eingespieltem Pferdegetrampel) und eine Idea Factory, eine Ideenfabrik, für Computerkids, die spielerisch in die Geheimnisse der Wissenschaft eingeführt werden. Im Omnimax-Theater können Sie preisgekrönte Dokumentationen wie »Amazon« im Superformat sehen. *Tgl. 9.30–17.30 Uhr, Eintritt 7 $, 12 $ mit Omnimax, Do frei, 57th St. & Lakeshore Dr., Hyde Park, Bus 10 bis Museum of Science & Industry*

National Vietnam
Veterans Art Museum (119/D 6)
Veteranen des Vietnamkriegs zeigen ihre bedrückende Kunst, die oftmals als Therapie herhalten musste. *1801 S. Indiana Av., Di–Fr 11–18, Sa 10–17, So 11–17 Uhr, Eintritt 5 $, Bus 3, 4 bis 18th St.*

Peace Museum (116/B 2)
Hier dreht sich alles um den Frieden. Ausgestellt sind z. B. Originalmanuskripte der Protestsängerin Joan Baez und John Lennons Gitarre. *14 W. Institute Place, Di, Mi, Fr, Sa 11–17, Do 12–17 Uhr, Eintritt 4 $, El Brown bis Chicago*

Polish Museum
of America (U/E 4)
Das älteste Museum einer Einwanderergruppe ist auch das beste: Seit dem 19. Jh. informiert es über Geschichte und Kultur des polnischen Volkes und der polnischen Immigranten in Amerika. Wechselnde Ausstellungen. Das Museum veranstaltet Kulturabende mit Filmen, Lesungen und Vorträgen. *Tgl. 11–16 Uhr, Eintritt frei, 984 N. Milwaukee Av., West Side, U-Bahn Blue bis Division*

Spertus Museum (119/D 3)
Jüdische Geschichte im Fokus von Kunst und Kultur: Die eindrucksvolle Ausstellung von über 10 000 Exponaten und Kunstobjekten umspannt 5000 Jahre jüdischer Geschichte. Im Artifact Center können junge Besucher in einer nachgestellten Ausgrabungsstätte des Nahen Ostens nach Tonscherben suchen. *So–Do 10–17, Fr 10–15 Uhr, Eintritt 5 $, 618 S. Michigan Av., Near South, Bus 3, 4, 6, 145, 157, 151, U-Bahn/El Red bis Harrison und Brown, Orange und Green bis Adams*

Swedish-American
MuseumCenter (117/D 2)
In diesem Zentrum wird der kulturelle Beitrag der schwedischen Einwanderer gewürdigt. *5211 N. Clark St., Di–Fr 10–16, Sa, So 10–15 Uhr, Eintritt 4 $, Bus 11, 22, 36, 72, 151, 156 bis Lincoln Park*

Terra Museum
of American Art (117/D 2)
Die Gemälde stammen aus dem 18., 19. und 20. Jh. Kunstliebhaber schwärmen von den unbekannten Künstlern, die in diesem Museum entdeckt werden können. *Mi–Sa 10–18, Di 10–20, So 12–17 Uhr, Eintritt 5 $, Di und erster So des Monats frei, 666 N. Michigan Av., Magnificent Mile, Bus 3, 11, 125, 145, 147, 151, U-Bahn Red bis Chicago*

Ukrainian
National Museum (U/E 4)
Das Museum informiert über Kultur und Folklore dieser Minderheit in Chicago. Kunsthandwerk sowie originale Trachten zeigen die Fertigkeiten der ukrainischen Handwerker und Künstler. *Do–So 11–16 Uhr, Eintritt 2 $, 721 N. Oakley Bd., West Side, Bus 66 bis Oakley Boulevard*

Wohin gehen wir essen?

*In Chicago wurde die Pan Pizza erfunden und
der Hot Dog verfeinert, aber auch verwöhnte Gourmets
kommen auf ihre Kosten*

Al Capone mochte sein Steak durchgebraten. Schon damals war Chicago für seine erstklassigen Steakhäuser bekannt, und auch der Gangsterkönig hatte seine Lieblingspasta einmal über. Immerhin wurden in Chicago die meisten Rinder der USA geschlachtet, das beste Fleisch behielt man natürlich für sich. Mit dem Schweinefleisch war es ähnlich, aber viele Amerikaner mögen kein *pork,* und die armen Schweine werden heute noch zu *Frankfurters* und *Wieners* verarbeitet. Aus den Schweinen werden Hot Dogs gemacht, die berühmten Amiwürstchen, ohne die kein Baseballspiel auf dem Wrigley Field komplett ist und die in New York an jeder Ecke verkauft werden. Aber das sind keine Hot Dogs, antwortet man in Chicago, denn in der Windy City ist es nicht damit getan, die heißen Würstchen zwischen zwei Brötchenhälften zu stecken und mit

Senf und Sauerkraut zu bedecken. In Chicago hat man die Herstellung eines Hot Dog zur hohen Kunst erhoben. Der Klassiker wird mit würzigem Senf, süßem Relish, gehackten Zwiebeln, Tomatenscheiben, Selleriesalz und Paprikaschnitzeln verfeinert. Und das sind nur die Basics. Jeder Hot-Dog-Imbiss hat sein eigenes Rezept.

Auch die berühmte Pan Pizza wurde nicht von der Pizza Hut, sondern in Chicago erfunden. Die Zubereitung der knusprigen Kruste überlässt man den Italienern und New Yorkern. Eine Pizza *made in Chicago* muss schwer in der Hand liegen und ordentlich bedeckt sein. Ohne ein scharfes Messer sollte man sich an keine Pan Pizza wagen. Ähnliches gilt für die berühmten Steaks und die Ribs. Chicago ist eine ehrliche Stadt, und die Leute wissen eine deftige Mahlzeit zu schätzen. Was nicht heißen soll, dass Gourmets in Chicago zu kurz kommen. Ganz im Gegenteil. Die ethnische Vielfalt sorgt für ein breites Spektrum erlesener Restaurants, die mit den bes-

Sommercafés am Milwaukee River sorgen für eine entspannte Mittagspause

39

ten Lokalen in Italien, Griechenland, China und Russland konkurrieren könnten. Eine ganze Reihe von Drei-Sterne-Kochs brilliert in weltberühmten Restaurants wie dem »Everest« und »Charlie Trotters« mit innovativen Gerichten und preisgekrönter Cuisine. Sogar aus New York kommen Gourmets in die Windy City geflogen.

Wollen Sie eines der beliebtesten Lokale besuchen, müssen Sie auch in Chicago reservieren. Lediglich in einigen Gourmettempeln müssen Herren ein Jackett und eine Krawatte tragen. Ansonsten geht es leger zu. In den meisten amerikanischen Restaurants bekommt man seinen Tisch zugewiesen, damit der Umsatz gleichmäßig auf alle Bedienste-

ten verteilt wird. Zum Lunch begnügen sich die meisten mit Sandwich oder Salat, richtig zugelangt wird erst beim Dinner, und das wird in Chicago verhältnismäßig früh eingenommen, meist um 19 Uhr. Für deutsche Besucher ungewohnt: Bier zum Essen ist die Ausnahme, eher bestellt man einen Kaffee wie im alten Westen. Aber auch wer seine europäische Küche vermisst, wird in Chicago gut bedient: »The Berghoff« gilt als das beste deutsche Restaurant in Amerika.

CAFÉS/EISDIELEN

Ben & Jerry's   (115/D 3)
⚗ In Chicago der einzige Shop der legendären Eisdielenkette,

MARCO POLO TIPPS
FÜR RESTAURANTS

1 **Crofton on Wells**
Amerikanische Küche mit Gemüse und feinen Früchten (Seite 43)

2 **Gene and Georgetti's**
Seit 50 Jahren eine Institution in der Stadt (Seite 43)

3 **The Berghoff**
Sauerfleisch und Schnitzel: die Küche der deutschen Einwanderer (Seite 44)

4 **Le Colonial**
Vietnamesische Edelküche in passender Umgebung (Seite 45)

5 **Spiaggia**
Frische Salate und wohl schmeckende Pasta mit Aussicht (Seite 46)

6 **Tizi Melloul**
Marokkanisch-französische Küche – mal was anderes (Seite 46)

7 **Pizzeria Uno**
Hier erblickte die Pan Pizza das Licht der Welt (Seite 51)

8 **Bubba Gump Shrimp Company**
Shrimps schälen wie einst Forrest Gump (Seite 47)

9 **Blackhawk Lodge**
Amerikanische Hausmannskost wie bei Muttern (Seite 44)

10 **Carson's**
Die besten Spareribs der Stadt essen Sie hier (Seite 44)

Ein »Cherry Garcia« gefällig?

die von zwei Naschkatzen in einer Garage in New England gestartet wurde. Hier finden Sie Geschmacksrichtungen, die Sie sich schon immer gewünscht haben, beispielsweise *Cherry Garcia* mit Kirschen und Rosinen und *Chocolate Chip Cookie Dough* mit rohen Plätzchenteigstücken und Schokosplittern. *338 W. Armitage Av., Lincoln Park, Bus 73, El Brown bis Sedgwick*

Café Avanti (U/E 3)
Gemütliches Straßencafé, ideal für den Cappuccino nach dem Theaterbesuch. Oder Sie gönnen sich einen *turtle,* einen Espresso mit Karamellgeschmack. Dazu gibt es Kuchen. *Tgl. 7–23 Uhr, 3706 N. Southport Av., North Side, El Brown bis Southport*

Corner Bakery (116/C 3)
◆ Phantasievolles Naschwerk und schmackhafte Sandwiches in der Bäckerei an der Ecke. Für das Brot läuft man in Chicago mei-

lenweit. Inzwischen gibt es glücklicherweise mehrere Filialen. *Mo–Fr 6.30–21, Sa, So 7–21 Uhr, 516 N. Clark St., River North, U-Bahn Red bis Grand/State*

Gourmand Coffeehouse (118/C 2)
Hier soll es den besten Cappuccino von Chicago geben. Selbst verwöhnte Kaffeetrinker aus Europa kommen in diesem europäischen Café auf ihre Kosten. Leckere Desserts. *728 Dearborn St., Printers Row, Bus 22, 62, U-Bahn Red bis Harrison*

Margie's Candie (U/E 3)
Zurück in die 50er-Jahre: Stimmungsvoller Ice Cream Parlor und Soda Fountain. Sundaes, Shakes und andere kalorienreiche Schleckereien. *Tgl. 10–23 Uhr, 1960 N. Western Av., North Side, U-Bahn Blue bis Western*

Toast (114/B 2)
◆ Frühstück den ganzen Tag: Bei Toast gibt es Toast und leckere Pfannkuchen in allen Variationen. Wem nach einem Banana-Pecan oder Mango Pancake zumute ist, liegt hier richtig. Auch Sandwiches sind im Angebot. *Di–Fr 7–15, Sa, So 8–16 Uhr, 746 W. Webster St., Lincoln Park, U-Bahn Red, Brown bis Fullerton*

RESTAURANTS €€€

(Hauptgericht ab 20 Dollar incl. Getränk)

Arun's (U/E 3)
Arun Sampanthavivat präsentiert thailändische Küche in Vollendung. Restaurantkritiker schwärmen vom besten Thai-Restaurant in Nordamerika. Auch optisch sind die Gerichte ein Ge-

Die Gourmettempel von Chicago

Ambria   (U/E 3)

Intime Atmosphäre und aufmerksamer Service in einem der besten Restaurants der USA. Küchenchef Gabino Sotelino serviert eine französisch angehauchte Edel-Cuisine. Menü ab 60 $. Wochen vorher reservieren! *Mo–Do 18–21.30, Fr, Sa 18–22.30 Uhr, 2300 Lincoln Park West, Lincoln Park, Tel. 773/472 00 76, Bus 151*

Charlie Trotters   (114/B 3)

Mehrfach zum besten Restaurant von Chicago gewählt. Das Angebot wechselt täglich und reicht vom Antilopensteak bis zu Ravioli mit Shitake-Pilzen. Nouvelle Cuisine in Vollendung. Die kalifornischen Weine sind nicht zu verachten. Grand Menu ca. 115 $. Wochen vorher reservieren! *Di–Sa 17.30–23 Uhr, 816 W. Armitage Av., Lincoln Park, Tel. 773/248 62 28, El Brown bis Armitage*

Everest   (118/B 2)

Elsässische Gourmet Cuisine im elitären LaSalle Club im 40. Stockwerk hoch über den Dächern von Chicago. Küchenchef Jean Joho, der seine Karriere als Bäckerlehrling in Straßburg begann, zaubert erstklassige Gerichte aus frischen Meerestieren und zartem Kalbfleisch. Die bislang innovativste Küche der Stadt. Menü ab 50 $. *Di–Do 17.30–21, Fr, Sa 17.30–22 Uhr, 440 S. LaSalle St., im Loop, Tel. 312/663 89 20, El Brown bis LaSalle*

Le Français   (U/E 3)

Die Nummer eins bei den meisten Restaurantkritikern, lediglich die eher langweilige Atmosphäre stört ein bisschen. Roland Liccioni serviert vollendete französische Feinschmeckerküche. Absolut perfekter Service. Menü ab 50 $. *Di–Fr 11.30 bis 14, Mo–Sa 17.30–21 Uhr, 269 S. Milwaukee Av., North Side, Wheeling, Tel. 847/541 74 70, Bus 56*

Nick's Fishmarket
Restaurant   (116/B 2)

Frischer Fisch aus dem Pazifik, der täglich aus Hawaii eingeflogen wird, gehört zu den Spezialitäten des modernen Gourmettempels vor dem Chagall-Mosaik im Loop. Schöne Umgebung, guter Service, bestes Essen. Menü ab 35 $. *Mo–Do 11.30–15 und 17.30–23.30, Fr 11.30–15 und 17.30–24, Sa 17.30–24 Uhr, First National Bank Plaza, im Loop, Tel. 312/612 02 00, U-Bahn Red, Blue bis Monroe*

Shaw's Crab House
and Blue Crab Lounge (117/D 3)

Eigentlich zwei Restaurants mit erstklassigem Seafood. Im *Crab House* ist man vorzüglich Lachs in Senfsoße, in der (preiswerteren) *Blue Crab Lounge* gibt es Crab Cake und die besten Austern der Stadt. Menü ab 35 $. *Tgl. 11.30–14, 17–23 Uhr, 21 E. Hubbard St., Near North, Tel. 312/527 27 22, U-Bahn Red bis Grand/State*

nuss. Unbedingt das Menü (von allem ein bisschen) bestellen! *Di–Sa 17–22, So 17–21.30 Uhr, 4156 N. Kedzie Av., North Side, Tel. 773/539-1909, Bus 80 bis Irving Park Rd.*

Bice (117/D 2)

1926 von einem Einwanderer aus Mailand gegründet und seit einigen Jahren eine Nobeladresse in Chicago und Beverly Hills. Auf mehreren Etagen werden norditalienische Gerichte serviert, natürlich ist die Pasta hier besonders empfehlenswert. *Mo–Do 11.30–22.30, Fr–So 11.30–23 Uhr, 158 E. Ontario St., Near North, Tel. 312/664 14 74, U-Bahn Red bis Grand/State*

Biggs Restaurant (115/E 5)

Feine amerikanische Küche in einem Prachtbau aus den 30er-Jahren. Hier könnten Al Capone und seine Freunde aus den oberen Zehntausend gegessen haben. Supper-Club-Atmosphäre mit leicht elegantem Anstrich. *So–Do 17–22, Fr und Sa 17 bis 23 Uhr, 1150 N. Dearborn St., Near North, Tel. 312/787 09 00, U-Bahn Red bis Clark/Division*

Cape Cod Room (117/D 1)

In diesem edlen Seafoodrestaurant hat sich seit den 1950er-Jahren kaum etwas verändert – weder das ein wenig angestaubte, aber edle Ambiente, noch das überaus aufmerksame Personal. Am Wichtigsten ist aber: Der edle Fisch stammt aus atlantischen Gewässern und schmeckt köstlich wie eh und je. *Tgl. 12–23.30 Uhr, 140 E. Walton Place (im Drake Hotel), Magnificent Mile, Tel. 312/787 22 00, U-Bahn Red bis Chicago/State*

Coco Pazzo (116/B 2)

Veredelte Hausmannskost aus der Toskana, vielleicht der beste Italiener der Stadt. Das Original steht in New York. Selbst Risotto und Pizza werden in Italien nicht besser zubereitet. *Tgl. 11.30 bis 14.30, Mo–Do 17.15–22.30, Fr, Sa 17.15–23 Uhr, 300 W. Hubbard St., River North, Tel. 312/836 09 00, El Brown bis Merchandise Mart*

Crofton on Wells (116/C 3)

★ ◉ Suzy Crofton gehört zu den bekanntesten und besten Köchinnen von Chicago. In ihrem kleinen Restaurant serviert sie amerikanische Küche mit Gemüse und Früchten. *Mo–Do 11.30–14.30 und 17.30–22 Uhr, Fr 11.30–14.30 und 17.30–23, Sa 17.30–23 Uhr, 535 N. Wells St., River North, Tel. 312/755 17 90, El Brown bis Merchandise Mart*

Gene and Georgetti's (116/B 3)

★ Das angesagte Steaklokal der Stadt, seit über 50 Jahren eine Institution. Die erstklassigen Mahlzeiten haben ihren Preis. *Mo–Sa 11–24 Uhr, 500 N. Franklin St., River North, Tel. 312/527 37 18, El Brown bis Merchandise Mart*

Gibson's Steakhouse (115/E 6)

Die meisten Gäste kommen wegen der saftigen Steaks, aber einige wollen auch nur einen Prominenten erspähen oder selber gesehen werden. Noch berühmter als die Steaks sind die riesigen Martinis! *Tgl. 17–24, 1028 N. Rush St., Near North, Tel. 312/266 89 99, U-Bahn Red bis Clark/Division*

Hatsuhana (117/D 2)

Erstklassige Sushi-Bar in einem nüchternen japanischen Ambiente. Der Fisch ist superfrisch! *Mo–Fr 11.45–14 und 17.30–22, Sa 17–22 Uhr, 160 E. Ontario St., Magnificent Mile, Tel. 312/280 88 08, U-Bahn Red bis Grand/State*

Pump Room (115/E 5)

Unter den (oft sehr guten) Hotelrestaurants von Chicago ist dies eines der besten. Klassische amerikanische Küche mit französischem Touch. Auch nach der Renovierung ist die Atmosphäre immer noch konservativ, die Gentlemen müssen Sakko tragen. *Tgl. 11.30–14.30, außerdem Mo–Do 18–22 Uhr, Fr, Sa 17–24, So 17–24 Uhr, 1301 N. State Parkwa (im Omni Ambassador), Near North, Tel. 312/266 0360, U-Bahn Red bis Clark/Division*

Rosebud on Rush (117/D 2)

Die Portionen sind so groß, dass man »erst nach drei Jahren wieder hungrig wird«. Das jedenfalls behauptet ein Restaurantkritiker. Die Portionen sind tatsächlich gigantisch, das Chicken Vesuvio schmeckt riesig. *Mo–Do 10–15, 17–22.30 Uhr, Fr 10–15, 17–23.30, Sa 11–15, 17–23 Uhr, So 12–15, 16–21.30 Uhr, 720 N. Rush St., Near North, Tel. 312/266 64 44, U-Bahn Red bis Chicago*

The Saloon (117/D 1)

Mit einem Saloon hat dieses edle Steakhaus wenig gemein. Das Ambiente in diesem Restaurant ist eher ruhig und unauffällig. Die Steaks zergehen auf der Zunge, sind hier verglichen mit anderen Restaurants allerdings zu teuer. *Mo–Do 11.30–22.30, Fr, Sa 11.30 bis 23, So 12–22 Uhr, 200 E. Chestnut St., Near North, Tel. 312/ 280 5454, U-Bahn Red bis Chicago*

(Hauptgericht zwischen 15 und 20 Dollar incl. Getränk)

The Berghoff (117/D 5)

★ ✪ 1898 von einem deutschen Einwanderer gegründet und seitdem ein Klassiker unter den Restaurants in Chicago. Deutsche Küche, die auch deutschen Urlaubern schmeckt. *Mo–Do 11–21, Fr 11–21.30, Sa 11–22 Uhr, 17 W. Adams St., im Loop, Tel. 312/ 427 31 70, El Green, Brown, Orange bis Adams*

Blackhawk Lodge (117/D 2)

★ Feine amerikanische Hausmannskost in rustikaler Umgebung. Die Portionen (z. B. gebratenes Huhn mit Kartoffelbrei und Gemüse) sind äußerst reichhaltig. *So–Do 11–15 und 17–22, Fr, Sa 11–15 und 17–23 Uhr, 41 E. Superior St., Near North, Tel. 312/ 280 40 80, U-Bahn Red bis Chicago/State*

Bluepoint Oyster Bar (116/A 4)

Gepflegter 40er-Jahre-Schick. Serviert werden frische Austern in zwölf Variationen und eine Vielzahl von innovativen Fischgerichten. *Mo–Do 11–22, Fr 11.30–24, So 17–21.30 Uhr, 741 W. Randolph St., westlich vom Loop, Tel. 312/207 12 22, El Brown, Green, Orange bis Lake, U-Bahn Green bis Clinton*

Carson's (116/C 2)

★ »The Place for Ribs« steht über dem Eingang, und das sagt alles: Hier gibt es die besten Spareribs von Chicago. *Mo–Do 11–23, Fr 11–0.30, Sa 12–23, So 12–23 Uhr, 612 N. Wells, River North, Tel. 312/280 92 00, U-Bahn Red bis Grand*

Centro (116/C 2)

Yuppie-Restaurant, in dem sich Angeber treffen, aber das Essen stimmt: norditalienische Küche vom Feinsten mit schmackhaften Salaten und guter Pasta. *Mo–Do 11–23, Fr 11–23.30, Sa 12–23.30, So 16–22 Uhr, 710 N. Wells St., River North, Tel. 312/ 988 77 75, El Brown bis Chicago*

Le Colonial (117/D 1)

★ Das alte Saigon in einem gemütlichen Townhouse mit Terrasse: Die Palmen und die Rattanmöbel passen zum Namen und zur vietnamesischen Karte. Der exotisch gewürzte Fisch ist besonders empfehlenswert. *Mo bis Sa 12–14.30, Mo–Fr 17–23, Sa 17–24, So 17–22 Uhr, 937 N. Rush St., Near North, Tel. 312/255 00 88, U-Bahn Red bis Chicago/State*

Ed Debevic's (116/C 2)

⚲ Preiswerter Diner im Stil der 50er-Jahre. Kalorienreiche Cheeseburger, hausgemachter Hackbraten und bunte Milch-shakes machen hier jeden Diät-plan zunichte. *So–Do 11–22, Fr, Sa 11–24 Uhr, 640 N. Wells St., Near North, Tel. 312/664 17 07, U-Bahn Red bis Grand/State*

Pasteur (U/E 2)

Südostasienatmosphäre in einem gemütlichen Lokal mit Rattan-möbeln: Die vietnamesische Küche wird in Vollendung prä-sentiert. Am besten schmecken die Fischgerichte, die in einer Vielzahl angeboten werden. *Mo, Di 17–22, Mi, Do, So 12–22 Uhr, Fr, Sa 12–23 Uhr, 5525 N. Broad-way, North Side, Tel. 773/878 10 61, Bus 36, U-Bahn Red bis Bryn Mawr*

Restaurant Okno (U/E 3)

Hightechambiente in einem futuristischen Restaurant. Die Designer ließen sich durch den Kultfilm bzw. -roman »A Clockwork Orange« inspirieren. Innovativer Mix aus westlicher und südamerikanischer Küche. *So bis*

Lunchtime am Chicago River mit Blick auf die Wolkenkratzer

*Do 17.30–23.30, Fr, Sa 17.30 bis
0.30 Uhr, 1332 N. Milwaukee Av.,
Wicker Park, Tel. 773/395 13 13, U-
Bahn Blue bis Division*

Russian Tea Time (117/D 5)

Dunkel, aber gemütlich. Stamm-
lokal vieler Opernfreunde. Rus-
sische Küche in Vollendung, für
Novizen empfiehlt sich die ge-
mischte Vorspeisenplatte. *So, Mo
11–21, Di–Do 11–23, Fr, Sa 11–24
Uhr, 77 E. Adams St., im Loop, Tel.
312/360 00 00, El Brown, Green,
Orange bis Adams*

Signature Room at the 95th (117/D 1)

☃ Amerikanische Küche hoch
über den Dächern von Chicago,
im 95. Stock des John Hancock
Centers. Die Aussicht ist atem-
beraubend, und der Sunday
Brunch und der Livejazz bie-
ten einen zusätzlichen Anreiz.
*Brunch So 10.30–14.30 Uhr, Lunch
Mo–Sa 11–14.30 Uhr, Dinner
So–Do 17–23, Fr, Sa 17–23.30 Uhr,
875 N. Michigan Av., Magnificent
Mile, Tel. 312/787 95 96, Bus 125,
145, 146, 147, 151, U-Bahn Red bis
Chicago*

Spago (116/C 3)

Beverly Hills ist ihm nicht genug:
Promi-Koch Wolfgang Puck lässt
jetzt auch in Chicago zaubern.
Seine Pacific-Rim-Cuisine ver-
eint asiatische und kalifornische
Küche. *Mo–Do 11.30–13 und 17
bis 21.30, Fr 11.30–13 und 17
bis 22.30 Uhr, Sa 17–22.30, So
17–21.30 Uhr, 520 N. Dearborn St.,
River North, Tel. 312/527 37 00, U-
Bahn Red bis Grand*

Spiaggia (117/D 1)

★ Erstklassige Salate und Pasta
mit superfrischen Zutaten in

avantgardistischer Umgebung.
Die Aussicht auf den Lake Michigan ist inklusive. *Mo–Do
11.30–14 und 17.30–21, Fr, Sa
11.30–14 und 17.30–22 Uhr, So
11.30–21 Uhr, 980 N. Michigan Av.,
Magnificent Mile, Tel. 312/280 27 50,
U-Bahn Red bis Chicago/State*

Las Tablas (U/E 3)

Gemütliches Straßenlokal im
Lincoln Park. Südamerikanisches
Feeling und schmackhafte Ge-
richte aus Kolumbien, z.B. New
York Steak mit gebratener Yucca.
*Mo–Do 12–22, Fr, Sa 12–23 Uhr,
2965 N. Lincoln Av., Lincoln Park,
Tel. 773/871 24 14, El Brown bis
Diversey*

Tizi Melloul (116/C 3)

★ Marokkanische Cuisine mit
französischem Einschlag in einem arabisch verhangenen, recht
dunklen Restaurant. Sehr feine
Küche, z.B. Ente in Ingwersoße
mit wildem Reis und Rosinen.
*Tgl. 11.30–14 und 17–22 Uhr,
531 N. Wells St., River North, Tel.
312/670 43 38, El Brown bis Merchandise Mart*

Toque (116/A 4)

Französisch angehauchte Küche
der originellen Art (z.B. in Speck
gewickelter Heilbutt mit Püree
aus süßen Erbsen und Perlzwie-
beln) in heller und freundlicher
Umgebung. *Mo–Fr 11.30–23.30,
Sa 17–23.30, So 17–22 Uhr, 816 W.
Randolph St., westlich vom Loop, Tel.
312/666 11 00, El Brown, Green,
Orange bis Lake*

Trattoria No. 10 (116/C 4)

Fröhliche Farben aus der Toskana
umgeben einen in diesem Klassiker der italienischen Gastrono-
mie. Zu den Spezialitäten ge-

hören die phantasievollen Ravioligerichte. *Mo–Do 11.30 bis 14 Uhr und 17.30–21, Fr 11.30–14 und 17.30–22 Uhr, Sa 17.30 bis 22 Uhr, 10 N. Dearborn St., im Loop, Tel. 312/984 17 18, U-Bahn Red, Blue bis Washington*

160blue (U/E 4)

Der ungewöhnliche Name bezieht sich auf die Hausnummer und die blaue Farbe des Verputzes, aber auch innen gibt es sich avantgardistisch. Das Interieur wurde von einem Topdesigner entworfen, und in der Küche zaubert Patrick Robertson ungewöhnliche Gerichte wie T-Bone-Steak vom Lamm mit japanischen Artischocken. *Mo–Do 17–22, Fr, Sa 17–23 Uhr, 160 N. Loomis St., westlich vom Loop, Tel. 312/850 03 03, El Brown, Green, Orange bis Lake*

RESTAURANTS €

(Hauptgericht bis 15 Dollar incl. Getränk)

Ann Sather (U/E 3)

❂ Schwedisches Einwandererlokal mit Kultstatus. Kühne Mischung aus amerikanischer und skandinavischer Küche, die besonders in der Nachbarschaft ankommt. Die köstlichen schwedischen Fleischklöße schmecken eben nicht nur Skandinaviern. *Mo–Do 7–22, Fr, Sa bis 23 Uhr, 929 Belmont Av., North Side, Tel. 773/348 23 78, U-Bahn Red, Brown bis Belmont*

Billy Goat Tavern (117/D 3)

Eine Journalistenkneipe wie aus dem Kino: laut, ungemütlich, aber stimmungsvoll. Im Fernsehen läuft Football, auf den Ti-schen stehen saftige Cheeseburger, an der Bar gibt es dünnes Bier. *Mo–Sa 7–2, So 11–2 Uhr, 430 N. Michigan Av., Magnificent Mile, Tel. 312/22 215 25, El Brown, Green, Orange bis State*

Brasserie Jo (116/C 3)

Preiswerter Ableger des Nobelrestaurants Everest, das mit seinem 40er-Jahre-Interieur (üppige Pflanzen und viel Licht) und seinen nobel gekleideten Kellnern an ein Gangsterlokal aus dem Film erinnert. *Mo–Do 11.30–16 und 17–22, Fr 11.30–16 und 17 bis 23 Uhr, So 17–22 Uhr, 59 W. Hubbard, River North, Tel. 312/595 08 00, U-Bahn Red bis Grand und Brown bis Merchandise Mart*

Bubba Gump
Shrimp Company (117/F 3)

★ Im gleichnamigen Kultfilm war der Protagonist Forrest Gump (unter anderem) ein erfolgreicher Shrimpfischer. Die Beute seiner Kollegen, aber auch Fish & Chips und BBQ Ribs gibt es in diesem stimmungsvollen Lokal. *So–Do 11–23, Fr, Sa 11 bis 24 Uhr, 700 E. Grand Av. (Navy Pier), östlich vom Loop, Tel. 312/595 55 00, Bus 29, 56, 65, 66, 120, 121 bis Navy Pier*

Café Ibérico (116/C 2)

Südamerikanische Tapas werden auf zwei Stockwerken serviert, und zwar unter einem Himmel aus Kacheln und Weinflaschen. Der köstliche gegrillte Oktopus und der gegrillte Lachs mit grünem Pfeffer gehören zu den Spezialitäten. *Mo–Do 11–23, Fr 11–1.30, Sa 12–1.30 Uhr, So 12–23 Uhr, 739 LaSalle St., Lincoln Park, Tel. 312/573 15 10, U-Bahn Red und Brown bis Chicago, El Red bis State*

Edwardo's (115/E 5)

Spezialisiert auf saftige Pan Pizza, wie man sie in Chicago mag. Bei der All-You-Can-Eat-Pizza (so viel essen, wie man will) kommen hungrige Mäuler auf ihre Kosten. *So–Do 11–23, Fr, Sa 11–24 Uhr, 1212 N. Dearborn St., River North, Tel. 312/337 44 90, U-Bahn Red bis Clark/Division*

Goose Island Brewing Company (114/B 4)

Microbreweries, also Minibrauereien, sind seit einiger Zeit der letzte Schrei in den USA. Auch hier schmeckt das selbst gebraute Bier nicht besser, aber die Atmosphäre ist okay, und die Kartoffelchips kosten nichts! *Mo–Do 11–24, Fr, Sa 11–2, So 11–23 Uhr, 1800 N. Clybourn Av., Lincoln Park, Tel. 312/915 00 71, U-Bahn Red bis North/Clybourn*

Green Door Tavern (116/B 2)

Seit 1921 eine Institution in einem windschiefen Holzgebäude. Es gibt amerikanische Sandwiches, und der Hickory Burger sättigt auch einen ausgewachsenen Cowboy. *Mo–Do 11–23, Fr 11–1.30, Sa 12–1.30, So 12–23 Uhr, 730 LaSalle St., River North, Tel. 312/664 54 96, U-Bahn/El Red bis Chicago/State, Brown bis Chicago*

Harry Caray's (116/C 3)

Harry Caray war ein berühmter Baseballreporter, der sich mit der Eröffnung des Restaurants zur Ruhe setzte. Angeboten wird deftige amerikanische Kost, umgeben von Baseballsouvenirs. *Mo–Do 11.30–15 und 17 bis 22.30,*

Harry Caray's: Deftiges inmitten von Baseballandenken

*Fr 11.30–15, 17–23, Sa 11.30–16
und 17–23, So 12–22 Uhr, 33 W.
Kinzie St., River North, Tel. 312/
828 09 66, U-Bahn/El Brown bis
Merchandise Mart und Red bis
Grand/State*

Mambo Grill (116/C 3)

Phantasievolle Tapas aus Mexiko,
Kuba und Südamerika in einem
großzügigen und hellen Restaurant in River North. Die
schwarzen Bohnen sind besonders gut – und der Flan zergeht
auf der Zunge! *Mo–Do 11–22, Fr
11–23, Sa 12–23, So 17–21 Uhr,
412 N. Clark St., River North, Tel.
312/467 97 97, El Brown bis Merchandise Mart*

Mitty Nice Grill (117/D 1)

Kleines, relativ preiswertes Lokal
in der Water Tower Place Shopping Mall. Der Hackbraten mit
Kartoffelbrei und grünen Bohnen schmeckt am besten und kostet keine zehn Dollar. *Mo–Sa
11–22, So 11–21 Uhr, 835 N. Michigan Av., Magnificent Mile, Tel.
312/335 47 45, U-Bahn Red bis
Chicago*

Mrs. Levy's (116/B 5)

Jüdische Delikatessen mit an-
nehmbaren Bagels (schmecken
unseren Brötchen noch am ähn-
lichsten), dazu Lachs und Cream
Cheese, Kartoffelpfannkuchen
und andere Snacks. *Mo–Fr 6.30 bis
3 Uhr, 233 S. Wacker Dr. (im
Sears Tower), beim Loop, Tel. 312/
993 05 30, El Brown, Orange bis
Quincy*

Northside Tavern (U/E 3)

Uriges Lokal mit einem beson-
ders schönen Innenhof im neuen
Trendviertel Wicker Park. Die
Burger sind preiswert und gut,

mittags gibt es schmackhafte Specials wie Chicken Salad. *So–Fr
11.30–2, Sa 11–3 Uhr, 1635 N.
Damen Av., Wicker Park, Tel. 773/
384 35 55, U-Bahn Blue bis Damen*

The Potbelly Sandwich (U/E 3)

⊕✝ Ambiente weniger als null,
aber die Sandwiches gehören zu
den besten der Stadt: Von den
College Kids, die zu den Stamm-
kunden gehören, wird Schin-
ken/Käse favorisiert. *Tgl. 11 bis
14 Uhr und 17–22 Uhr, 2264 N.
Lincoln Av., North Side, Bus 11*

Scoozi (116/B 2)

==Klassische Musik und kostenlose
Pizza, bevor man einen Platz
zugewiesen bekommt==, aber das
Warten lohnt sich: Besser
schmecken die Nudeln auch in
Italien nicht. Die Gnocchi mit
Tomatensoße sind ein Gedicht!
*Mo–Do 11.30–14 und 17–21.30, Fr
11.30–14 und 17–22.30 Uhr, Sa
17–22.30, So 16–21 Uhr, 410 W.
Huron St., River North, Tel.
312/943 59 00, U-Bahn Red bis
Chicago*

Sopprafina Marketcaffé (116/C 4)

Die Pizzas und das Brot
schmecken überraschend italienisch, nämlich kross und knusp-
rig, und auch die Beilagen können sich sehen lassen. Die Selbst-
bedienung sollte Sie nicht ab-
schrecken. *Mo–Fr 11–16 Uhr,
10 N. Dearborn St., im Loop, U-Bahn
Red bis Monroe/State*

Three Happiness (120/B 2)

⊕ Sieht wie eine üble Ka-
schemme aus, zählt aber zu den
besten und authentischsten Chinesen der Stadt. Hausmannskost aus
dem Reich der Mitte, von der
ganzen Familie zubereitet und

serviert. *Tgl. 9–14 Uhr, 209 Cermak Rd., Chinatown, Tel. 312/842 19 64, U-Bahn Red bis Cermak-Chinatown*

Wishbone (U/E 4)

Verfeinerte Hausmannskost für die anspruchsvolle Lunch Crowd mit ausgefallenen Gerichten wie »Hoppin' Jack« (Erbsen und Bohnen auf braunem Reis, mit Käse, Zwiebeln und Tomaten garniert). Auch Oprah Winfrie wurde hier schon gesehen. *Mo 7–15, Di–Do 7–22, Fr 7–23, Sa 8–23, So 8–14.30 Uhr, 1001 W. Washington St., westlich vom Loop, Tel. 312/850 26 63, Bus 8, 9*

Yoshi's Café (U/E 3)

Geglückte Mischung aus japanischer und französischer Küche, die Meeresfrüchte und der Fisch schmecken am besten. Shrimp Tempura probieren! Die Atmosphäre ist ein bisschen langweilig. *Di–Do 17–22.30, Fr, Sa 17–23, So 17–21.30 Uhr, 3257 N. Halsted St., North Side, Tel. 773/248 61 60, U-Bahn Red, Brown bis Belmont*

Fluky's (U/E 3)

Hot-Dog-Fans schwören auf diesen Klassiker, der »Singles« oder »Doubles« mit Senf, Zwiebeln, Relish, Gurken und Tomaten serviert. *Tgl. 7–22 Uhr, 6821 N. Western Av., North Side, Tel. 773/274 36 52, U-Bahn Blue bis Western*

foodlife (117/D 1)

Extravagante Imbissstraße mit Edelkiosken, die gesunde und kalorienarme Salate sowie exotische Köstlichkeiten servieren. Gegessen wird unter künstlichen Bäumen im Water Tower Place. *So–Do 7.30–21, Fr, Sa 11–22 Uhr, 835 N. Michigan Av., Magnificent Mile, Tel. 312/335 36 63, U-Bahn Red bis Chicago*

Gold Coast Dogs (117/D 3)

Probieren Sie hier die echten Hot Dogs, wie man sie in Chicago erfunden hat. Das Relish und die Paprika dürfen nicht fehlen! *Mo–Fr 7–22, Sa, So 11–20 Uhr,*

Erinnerungen an die 50er-Jahre im Rock 'n' Roll McDonald's

418 State St., nördlich vom Loop, El Brown, Green, Orange, Purple bis State

Jim's Hot Dog Stand (116/A 6)
Hier essen viele Polizisten, und das ist wie ein Gütesiegel: Jims Hot Dogs und die würzigen Polish Sausages gehören zum Besten, was die Fast-Food-Küche in Chicago zu bieten hat. *24 Std. geöffnet, 1320 S. Halsted St., südlich vom Loop, Tel. 312/666 05 33, U-Bahn Blue bis UIC-Halsted*

Pizzeria Uno (117/D 3)
★ In diesem engen Schuppen wurde die berühmte Pan Pizza erfunden. *Mo–Fr 11.30–1, Sa 11.30–2, So 11.30–23 Uhr, 29 East Ohio St., River North, Tel. 312/321 10 00, U-Bahn Red bis Grand*

THEMENRESTAURANTS

ESPN Zone (117/D 3)
ESPN ist der bekannteste Sportsender der USA. Sportfans lassen sich das Steak in einem für diese Zwecke nachgebauten Fernsehstudio schmecken, während sie von flackernden Bildschirmen mit Football, Baseball und Basketball umgeben sind. Nur für Sportbegeisterte interessant! *Tgl. 11–23 Uhr, 41 E. Ohio St., River North, Tel. 312/644 37 76, U-Bahn Red bis Grand/State, €*

House of Blues (116/C 3)
Mit Blick auf die Porträts bekannter Blueslegenden gibt's deftige Südstaatenküche aus dem Mississippidelta. Zum Essen spielen aufstrebende Bluesmusiker, vielleicht die zukünftigen Stars. *Tgl. 11.30–24 Uhr, 329 N. Dearborn St., River North, Tel. 312/923 20 07, U-Bahn Red bis*

Tarzan lässt grüßen: Im Rainforest Café trifft sich die Jugend

Grand/State, Brown bis Merchandise Mart, €

Rainforest Café (116/C 3)
🕴 Unsichtbare Affen brüllen in einem künstlichen Regenwald, dazu rauscht und plätschert der künstliche Wasserfall: Das neue Theme Restaurant gibt's auch in Chicago. Die gut belegten Sandwiches sind da eigentlich Nebensache. *So–Do 11–23, Fr, Sa 11.30–24 Uhr, 605 N. Clark St., River North, Tel. 312/787 15 01, U-Bahn Red bis Grand/State, €*

Rock 'n' Roll McDonald's (116/C 2–3)
🕴 McDonald's goes Hard Rock Café (das echte liegt gegenüber): Kitschige Erinnerungsstücke aus der Zeit des Rock 'n' Roll von Elvis bis zu den Beatles umgeben den Gast bei Big Mac und McNuggets. *So–Do 6–3 Uhr, Fr, Sa 6–5 Uhr, 600 N. Clark St., River North, Tel. 312/664 79 40, U-Bahn Red bis Grand/State, €*

Shopping mit Pfiff

*Einkaufen hat Tradition in Chicago,
und in attraktiven Einkaufsgebieten wie der
Magnificent Mile wird es zum Vergnügen*

Bereits während der Pionierzeit wurde in Chicago Handel betrieben. Rinder und Schweine aus dem Westen wurden in die Schlachthöfe gebracht und ihr Fleisch, auch als Konserven, an die Händler der Ostküste verkauft. Auch die Gründer der großen Versandhäuser wie Sears und Montgomery kamen aus der Windy City. Der mehrstöckige Merchandise Mart, schon vor vielen Jahrzehnten eine Institution, existiert noch heute, und Marshall Field's, das Kaufhaus eines wohlhabenden Bürgers, behauptet sich gegen die Konkurrenz aus New York.

Chicago ist mit der Zeit gegangen, geht alle Trends mit, die in New York City oder Los Angeles geboren werden, und verschafft erfolgreichen Ketten wie Borders Books, Virgin Music und Toys R Us eine zweite und dritte Heimat. Die vornehmste und bei Besuchern beliebteste Shoppinggegend ist die *Mag Mile,* wie die Bürger ihre Magnificent Mile nennen, die North Michigan Av. zwischen Oak Street und Chicago River. Sogar Tiffany und

*Als großartige Einkaufsmeile
präsentiert sich die Michigan Avenue*

Saks Fifth Av. sind hier zu Hause. Vergleiche mit dem Rodeo Drive in Beverly Hills und der Fifth Av. in New York will man in Chicago nicht gelten lassen, die Mag Mile sei viel imposanter. Und ebenso teuer. Kleine Shops, originelle Galerien und flippige Läden haben sich in neuen Trendvierteln wie River North und Wicker Park angesiedelt. Dort wird sogar der modebewusste Punk fündig. Souvenirs kaufen Sie am Navy Pier oder im Tribune Store. Wesentlich preiswerter sind die Waren im Loop und in der State Street, der Hauptgeschäftsstraße unter den Hochbahngleisen.

Wenn nicht anders angegeben, haben die Läden während der Woche täglich von 10 bis 18 oder 19 Uhr und am Sonntag von 10 oder 12 bis 17 oder 18 Uhr geöffnet. Im Loop sind die Geschäfte sonntags generell geschlossen. Beim Prüfen der Preise unbedingt beachten: Es kommt noch eine Steuer von 8,75 Prozent hinzu. Billiger als in den meisten europäischen Ländern sind Markenjeans, Kosmetika und Designerkleidung – aber nur, wenn der Dollar nicht steigt! Wer in den Westen weiterfliegt, sollte seine Jeans erst dort kaufen, dann spart er noch mehr.

MARCO POLO TIPPS
FÜRS SHOPPING

1 Giftshop der Chicago Architecture Foundation
Alles über die legendären Wolkenkratzer (Seite 54)

2 Borders Books & Music
Bücher, Bücher, Bücher – und alle Zeitschriften (Seite 55)

3 900 North Michigan Shops
Edle Shops, und alle unter einem Dach (Seite 55)

4 Marshall Field's
Dem Kaufhauskönig müssen Sie die Reverenz erweisen (Seite 55)

5 Eddie Bauer
Trendy Klamotten mit sportlicher Note (Seite 56)

6 Virgin Megastore
Der größte Plattenladen der Welt! (Seite 57)

7 Accent Chicago
Die echten Stadtsouvenirs gibt's nur in diesem Shop (Seite 58)

8 Cookies By Design
Außergewöhnlich: Kekse mit Autogramm (Seite 59)

9 NikeTown Chicago
Der Turnschuhtempel für trendige Käufer (Seite 59)

10 Big Chicago Records, Inc.
Chicago-Blues und -Jazz auf CD – das beste Souvenir (Seite 58)

ANTIQUITÄTEN

Anthropology (117/D 4)
Hierbei handelt es sich nicht um einen reinen Antiquitätenladen, sondern eher um ein Sammelsurium ausgefallener Möbel und Accessoires der originellen Art. Außerdem wird extravagante Kleidung angeboten, die nicht in jeden Kleiderschrank passt. Auch für *windowshopper* ein ungetrübter Genuss. *1120 N. State St., Near North, U-Bahn Red bis Chicago*

Jay Robert's Antique Warehouse (116/C 3)
Ein ganzes Kaufhaus voller Antiquitäten, vom Himmelbett aus der Kolonialzeit bis zur antiken Uhr aus der Zeit der Jahrhundertwende. Wichtig: In den USA versteckt sich hinter dem Begriff Antiquitäten auch Ramsch und Kitsch aus den 50er-Jahren. *149 Kinzie St., River North, El Brown, Purple bis Merchandise Mart*

ARCHITEKTUR

Chicago Architecture Foundation (117/D 1)
★ Nach einer geführten Tour mit den *guides* der Chicago Architecture Foundation bietet sich der Besuch des *giftshop (engl. gift* = Mitbringsel) an, aber dieser Laden verkauft weit mehr als den gewohnten Kitsch, den man in anderen Andenkenlädchen bekommt. Besonders groß und vielseitig ist die Auswahl an Büchern über Architektur, außerdem gibt es Ornamente und andere Souvenirs mit architektonischen Motiven aus Chicago. *Tgl. 9–19 Uhr,*

875 N. Michigan Av., Magnificent Mile, U-Bahn Red bis Chicago

BALLONS

The American Balloon Company (U/E 2)

Das Souvenir der ganz besonderen Art: Luftballons mit dem Firmenlogo eines Bekannten, dem Namen eines Freundes oder jeder anderen gewünschten Aufschrift. *5554 N. Winthrop, U-Bahn Red bis Bryn Mawr*

BÜCHER

Abraham Lincoln Bookshop (116/B 2)

Das gibt es nur im Land von Abraham Lincoln: eine Buchhandlung, die ausschließlich Bücher über den legendären Präsidenten der Bürgerkriegszeit führt. Auch bekommt man längst vergessene Doktorarbeiten und Briefe zum Thema. *357 W. Chicago Av., U-Bahn Red bis Chicago*

Borders Books & Music (117/D 1)

★ ☺ Die beste Buchhandelskette der USA mit einem Paradeshop an der Magnificent Mile. Hier gibt es aktuelle Bücher aus allen Bereichen zu sehr günstigen Preisen. In einem Café kann man nach Herzenslust schmökern. *830 N. Michigan Av., Magnificent Mile, U-Bahn Red bis Chicago*

EINKAUFSZENTREN

The Atrium Mall (116/C 4)

Viele Einzelhandelsgeschäfte im James R. Thompson Center, einem der interessantesten Wolkenkratzer von Chicago. Hier locken nicht nur die ausgestellten Waren, sondern auch die ar-

chitektonisch einmalige Umgebung. *Mo–Fr 8–18, Sa 11–16 Uhr, 100 W. Randolph St., Loop, El (alle Linien) bis Clark*

Gurnee Mills Mall (122/C 4)

Über 200 Factory Outlets mit fabrikneuer Markenware zu absoluten Dumpingpreisen. Besonders preiswert sind Kleidungsstücke mit winzigen, kaum sichtbaren Webfehlern. *Mo–Sa 10–21, So 11–18 Uhr, Interstate 94 & Route 132 West (Grand Av.), North Side, Vorortzug bis Gurnee (ca. 1 Std. Fahrzeit)*

900 North Michigan Shops (117/D 1)

★ Die beste Adresse der noblen Straße mit Bloomingdale's und mehr als 70 angesagten Läden und Designershops. Wie in jeder Mall gibt es auch Kinos und Restaurants. *Mo–Do 10–19, Fr 10-20, Sa 10–18, So 12–18 Uhr, 900 N. Michigan Av., Magnificent Mile, U-Bahn Red bis Chicago*

Water Tower Place (117/D 1)

Direkt beim historischen Water Tower liegt diese edle Mall hinter einer eher alltäglichen Fassade versteckt. Über 100 ausgesuchte Shops, Restaurants und sieben Kinos. *Mo–Do 10–19, Fr 10–20, Sa 10–18, So 12–18 Uhr, 835 N. Michigan Av., Magnificent Mile, U-Bahn Red bis Chicago*

KAUFHAUS

Marshall Field's (117/D 4)

★ ☺ Der Kaufhauskönig aus Chicago bietet alles unter einem riesigen Dach, und das zu erstaunlich niedrigen Preisen: Sogar Antiquitäten und antiquarische Bücher werden dort ver-

Shopping in der Atrium Mall – auch architektonisch ein Gedicht

trieben. In der Süßwarenabteilung sind besonders die firmeneigenen Frango Mints (Pfefferminzbonbons) in allen Farben gefragt. *111 N. State St., Loop, El Red bis Lake*

KLEIDUNG

Banana Republic   (117/D 2)
Aus dem einstigen Safarishop ist ein gewöhnlicher Klamottenladen geworden, aber das Angebot besonders leichter und preiswerter Kleidung ist immer noch einen Besuch wert. *Mo–Sa 10–19, So 11–18 Uhr, River North, U-Bahn Red bis Grand*

Eddie Bauer   (117/D 2)
★ Neben Tommy Hilfiger ist Eddie Bauer der neue Kultname in den USA. Seine Produkte sind in Europa immer noch schwer zu bekommen: Sportliche Trendkleidung in bunten Farben und (ganz wichtig) mit dem berühmten Schriftzug. Damit das Ein-

kaufen leichter fällt, gibt es im Shop eine Coffeebar. *Mo–Sa 10–19 Uhr, So 11–18 Uhr, 600 N. Michigan Av., River North, U-Bahn Red bis Grand*

Timberland (117/D 3)

Die robusten Trend- und Wanderschuhe sind in den USA erstaunlich preiswert. Ideal für die anstrengende Stadttour oder die Wanderung ins Hinterland der Großen Seen. *545 N. Michigan Av., River North, U-Bahn Red bis Grand*

KNÖPFE

Renaissance Buttons (114/B 3)

An den Knöpfen abzählen? In diesem Shop unmöglich, denn es gibt einige Tausend davon. Antike und moderne, goldene und bunte, einfache und wertvolle, so ziemlich alle Sorten, die Sie sich an einer Jacke (oder sonst wo) vorstellen können. Knöpfe als Souvenir? Hier schon… *826 W. Armitage Av., Lincoln Park, U-Bahn Brown bis Armitage*

KUNSTHANDWERK

The Alaska Shop Gallery of Eskimo Art (115/E 6)

Nicht gerade der Shop, den man in Chicago vermutet, aber dennoch einen Besuch wert: Specksteinfiguren, Elfenbeinschnitzereien und anderes Kunsthandwerk der Inuit sowie eine Galerie mit Kunst aus Alaska, Kanada und Sibirien. *Mo–Sa 11–17 Uhr, Near North, 104 E. Oak St., Bus 22, 70 bis Oak St.*

To Life! (117/D 5)

Hier ist alles handgemacht: Marionetten, Schmuck, Puzzles, Spielsachen, Spieluhren, Figuren. Wunderschöne Arbeiten begabter Kunsthandwerker und Künstler. *224 S. Michigan Av., El Brown, Yellow, Green, Purple bis Adams*

Steve Starr Studios (U/E 3)

Winziger Laden mit großer Auswahl an Art-déco-Gegenständen: von der Lampe bis zum Schmuck. An den Wänden hängen die großen Hollywood-Stars aus dieser Zeit – natürlich in Art-déco-Rahmen. *2779 N. Lincoln Av., nördlich vom Loop, El Brown bis Diversey*

Tobai (116/C 3)

Wer ausgerechnet in Chicago nach japanischen Drucken und koreanischen Tempelgemälden sucht, wird hier bestens bedient. Außerdem werden Gemälde zeitgenössischer chinesischer Künstler angeboten. *320 N. Dearborn Av., Loop, El Brown, Orange, Green bis State*

MUSIK

The Chicago Music Mart at DePaul Center (117/D 6)

Ein ganzes Einkaufszentrum nur mit Musikläden. Instrumente, Noten und alles, was das Herz eines Musikers begehrt. In manchen Läden treten aufstrebende Musiker sogar auf. *333 State St., Loop, U-Bahn Red bis Washington*

Virgin Megastore (117/D 3)

★ ‡ Der größte Plattenladen der Welt mit einer seiner besten Filialen in Chicago. Hier gibt es alle CDs, Videos, DVDs und Kassetten, die man sich vorstellen kann, von Rock bis Country. Ältere CDs werden zu Sonderpreisen verkauft. *Mo–Do 10–23, Fr, Sa*

10–24, So 10–22 Uhr, 540 N. Michigan Av., Magnificent Mile, U-Bahn Red bis Grand

POPCORN

Garrett Popcorn Shop　(117/D 2)
Vergessen Sie das Popcorn, das in europäischen Kinos angeboten wird! Hier gibt es das echte amerikanische Superpopcorn in allen Größen und vor allem Farben. Eine Riesentüte mit regenbogenfarbenem Knusperzeug eignet sich auch vorzüglich als Mitbringsel. *670 N. Michigan Av., Magnificent Mile, U-Bahn Red bis Grand/State*

SCHMUCK

Tiffany & Co.　(117/D 1)
Fast so groß wie das Original in New York und mit einem ähnlich exklusiven Angebot: Allein

Das legendäre Juweliergeschäft Tiffany ist auch in Chicago zu finden

im Erdgeschoss liegen Juwelen für mehrere Millionen Dollar. Für den kleinen Geldbeutel gibt es Souvenirs für unter 100 Dollar. Auch kostbare Geschenke aus Leder, Porzellan und Kristall sowie Uhren und Kosmetika werden mit dem berühmten Schriftzug verkauft. *Mo–Mi 10–18 Uhr, Do 10–19 Uhr, Fr, Sa 10–18 Uhr, 730 N. Michigan Av., Magnificent Mile, U-Bahn Red bis Chicago*

SOUVENIRS

Accent Chicago　(117/D 2)
★ In diesem Laden dreht sich alles um Chicago: T-Shirts, Sweatshirts, Spielsachen, Postkarten, Becher, Fähnchen, Puppen, Handtücher, Baseballmützen und vieles mehr – alles mit dem Schriftzug der Windy City. *875 N. Michigan Av., Magnificent Mile, U-Bahn Red bis Chicago*

Big Chicago Records, Inc.　(U/E 2)
★ Für alle, die Chicago auch hören und den Sound der Stadt mit nach Hause nehmen wollen: Jazz- und Blues-CDs und die Sammler-CDs »A Chicago Blues Tour« und »A Chicago Jazz Tour«, gleichzeitig eine Führung durch die Musikszene der Stadt. *909 Forest Av., Vorortzug bis Skokie, ca. 1 Std. Fahrzeit*

Chicago Tribune Gift Store　(117/D 3)
Im Wolkenkratzer der legendären Zeitung werden Souvenirs mit dem Logo des Blattes verkauft. Originelle Mitbringsel für Leute, die gerne Zeitung lesen – sogar Titelseiten sind auf T-Shirts und Sweatshirts abgedruckt. *435 N. Michigan Av., Magnificent Mile, U-Bahn Red bis Grand*

Cookies By Design (U/E 2)

★ Süße Souvenirs für Naschkatzen, vielleicht die originellsten Mitbringsel aus Chicago: Frisch gebackene Kekse, die auch den langen Flug unbeschadet überstehen. Sie können auch mit jedem Logo und jeder gewünschten Aufschrift bespritzt werden, ähnlich wie die Lebkuchenherzen vom Münchner Oktoberfest. *1311 Golf Rd., Rolling Meadows, Evanston, (ca. 45 Min. Fahrzeit), Bus 208 bis Golf Rd.*

Expressly Wood (114/C 3)

Kunsthandwerk aus edlen Hölzern: exotische Mitbringsel und Accessoires wie Schmuckkästchen, Bilderrahmen, Uhren, Spielsachen und Brettspiele. *825 West Armitage Av., Lincoln Park, U-Bahn Brown bis Armitage*

Original Expressions (114/C 3)

Ausgefallene Geschenke in allen Formen und Farben, dazu das passende Papier, abgefahrene Schmuckschleifen und lustige Glückwunschkarten. Für den extravaganten Geschmack. *837 W. Armitage Av., Lincoln Park, U-Bahn Brown bis Armitage*

SPIELZEUG

FAO Schwarz (117/D 1)

⚡ Der bekannte Spielwarenladen, eigentlich eine New Yorker Institution, breitet sich über ganz Amerika aus. Auch in Chicago ist auf mehreren Stockwerken ein Riesenangebot an Spielsachen ausgestellt. Und Kinder dürfen alles anfassen und sogar ausprobieren! *Mo–Do 10–19, Fr, Sa 10 bis 20, So 11–19 Uhr, 840 N. Michigan Av., Magnificent Mile, U-Bahn Red bis Chicago*

Saturday's Child (114/B 2)

Nicht so groß wie FAO Schwarz oder Toys 'R Us, die Spielwaren-Superketten, aber origineller: Hier bekommt man noch Gummischlangen, Metallfrösche und seltsame Uhren, die sonst nur in Kaugummiautomaten zu finden sind. *2146 N. Halsted St., Lincoln Park, U-Bahn Red bis Fullerton*

SPORTKLEIDUNG

NikeTown Chicago (117/D 2)

★ ⚡ Die Erfolgskette der bekannten Sportschuhfirma hat in Chicago eröffnet. Alle (!) Schuhmodelle und Accessoires von Nike auf mehreren Stockwerken und ein halber Basketballplatz zum Anprobieren. Ein Paradies für Kids! *Mo–Fr 10–20, Sa 9.30–18, So 10–18 Uhr, 669 N. Michigan Av., Magnificent Mile, U-Bahn Red bis Chicago*

Sportmart (116/C 2)

Sieben Stockwerke mit Sportartikeln aller Firmen. Mit sieben Stockwerken noch größer als NikeTown. Im Parterre und im 5. Stock sind die Bulls, Cubs und Sox mit ihrem Merchandising vertreten, ein Muss für Michael-Jordan-Fans. *620 N. LaSalle St., River North, U-Bahn Red bis Grand*

ZIGARREN

La Havanita Cigar Factory (117/F 3)

Weil aus Kuba nichts importiert werden darf, kommt der Tabak aus der Dominikanischen Republik, er stammt jedoch aus kubanischer Saat. Fingerfertige Kubaner drehen kostbare Zigarren. *600 E. Grand Av., Navy Pier, Bus 29, 56, 65, 66, 120, 121 bis Navy Pier*

Traumhaft schlafen

Von der Luxusherberge bis zum preiswerten Vorstadthotel – im Schatten der Hochhäuser findet jeder einen Schlafplatz seiner Wahl

Chicago ist ein teures Pflaster. Das bekommen vor allem Hotelgäste zu spüren, die als Privatpersonen nach Chicago kommen. Den Geschäftsleuten macht das wenig aus. Sie steigen in den teuren Hoteltürmen an der North Michigan Avenue ab, schließen ihre Laptops in den Zimmern an und kümmern sich wenig um die Preise. Der Service für Geschäftsreisende wird immer besser, und es gibt sogar ein Hotel mit eigenem Fed-Ex-Briefkasten. Modemanschlüsse sind mittlerweile selbstverständlich.

Den Urlauber interessiert das wenig, denn er will ein möglichst komfortables Zimmer und einen freundlichen Service für wenig Geld haben. Deshalb sollten Sie gerade bei den teuren Hotels nach preiswerten *specials* fragen. Das gehört in den USA zum guten Ton, es gibt kaum ein Hotel, das nicht einen preiswerten Wochenendtarif oder einen anderen Rabatt aus dem Computer zaubert. Voraussetzung für einen attraktiven Preis: Es darf keine *convention* stattfinden, denn während dieser

Kongresse klettern die Preise in die Höhe, und man kann froh sein, noch ein winziges Zimmer zu einem horrenden Preis zu ergattern. Seit einigen Jahren neu im Angebot: die so genannten Suites-Hotels mit kleinen Apartments (mehrere Räume und Küchenecke), die besonders für Familien geeignet sind, und Low-Budget-Hotels, die sehr saubere und zweckmäßig eingerichtete Zimmer zu einem vertretbaren Preis anbieten – das (allerdings karge) Frühstück inklusive.

Einiges sollten Sie bei der (möglichst frühzeitigen) Reservierung im Hinterkopf haben: Die Preise verstehen sich immer für ein Doppelzimmer, aber ohne die Steuer und eventuelle Parkgebühren. Singles bekommen manchmal Rabatt. Die Zimmer sind mit einem King Bed (besonders breit), Queen Bed (französisch) oder zwei Betten sowie mit eigenem (Dusch-)Bad ausgestattet. In der Regel ist das Frühstück nicht im Preis enthalten. Am billigsten sind die Hotels in Chicago zwischen Januar und März – kein Wunder, dann bläst ein eisiger Wind über die Michigan Av.

Hotelreservierung über das Internet: *www.hotrooms.com*

So manches Hotel bietet zauberhafte Ausblicke auf das nächtliche Chicago

MARCO POLO TIPPS FÜR HOTELS

1 Whitehall Hotel
Viktorianische Eleganz, kombiniert mit modernem Komfort (Seite 63)

2 House of Blues Hotel
Moderne Technik in jedem Zimmer (Seite 64)

3 Swissotel Chicago
Luxushotel mit schönem Blick auf den See (Seite 66)

4 Tremont Hotel
Fröhliche Farben und Fitnesscenter auf dem Dach (Seite 66)

5 Hotel Allegro
Kühnes Design und exzellenter Service (Seite 63)

6 City Suites Hotel
Gemütliches Vorstadthotel in einem lebhaften Viertel (Seite 66)

7 Hampton Inn & Suites
Freundliches Hotel, preiswert und gut (Seite 67)

8 Surf Hotel
Schöne Lobby und Möbel aus den Zwanzigern (Seite 67)

9 The Drake
Die »Grande Dame of Chicago« hat ihren Preis (Seite 65)

10 Hyatt Regency Chicago
Allein die Atriumlobby ist einen Besuch wert (Seite 65)

HOTELS €€€

(für Anspruchsvolle ab 200 Dollar pro Doppelzimmer)

Chicago Marriott (117/D 3)

Fast 1200 Zimmer hat das Luxushotel, das nach einer gründlichen Renovierung an Klasse gewonnen hat, auch wenn den Gast diese Größe erschlagen kann. Wer für riesige Hotelpaläste schwärmt, bekommt hier alles geboten, was er sucht. *1172 Zi., 540 N. Michigan Av., Magnificent Mile, Tel. 312/836 01 00, Fax 836 69 38, www.marriott.com, U-Bahn Red bis Grand*

Doubletree Guest Suites (117/D 1)

Doubletree gehört zu den gehobenen Hotelketten mit gepflegten Apartments und exzellentem Service, aber 200 Dollar pro Nacht sollte man schon bereithalten. *345 Zi.,198 E. Delaware Place, Near North, Tel. 312/664 11 00, Fax 664 98 81, U-Bahn Red bis Grand*

Inter-Continental Chicago (117/D 3)

Zwei Wohntürme am südlichen Ende der Magnificent Mile. Der südliche wurde 1929 erbaut und bietet klassische Eleganz in sehr geräumigen Zimmern, der nördliche ist moderner gestaltet und traditioneller eingerichtet. Bester Service. *844 Zi., 505 N. Michigan Av., Magnificent Mile, Tel. 312/944 41 00, Fax 944 13 20, www.interconti.com, U-Bahn Red bis Grand*

Omni Chicago Hotel (117/D 2)

Überall frische Blumen, burgunderfarbene Tapeten und glänzende Marmorböden – und draußen beginnt die Magnificent Mile: So stellt man sich ein Luxushotel vor. Alle Zimmer sind geräumige Suiten, komplett mit Küche, Esstisch und gefüllter Bar. *347 Zi., 676 N. Michigan Av., Magnificent Mile, Tel. 312/944 66 64, Fax 266 30 15, www.omnihotels.com, U-Bahn Red bis Grand*

Renaissance
Chicago Hotel (116/C 4)
☀ Tophotel am Nordrand des Loop, durch die Panoramafenster hat man eine tolle Aussicht auf den Fluss und die Wolkenkratzer. Im Club Level sind die Zimmer doppelt so groß. Über dem Swimmingpool leuchtet der Himmel durch große Fenster. *553 Zi., 1 W. Wacker Dr., am Loop, Tel. 312/372 72 00, Fax 372 00 93, www.renaissancehotels.com, El Brown bis State/Lake, U-Bahn Red bis Washintgon/State*

The Silversmith
(Crowne Plaza Chicago) (117/D 5)
Im ehemaligen Handelszentrum der Juweliere beheimatetes Luxushotel, dem Sie seine Klasse von außen nicht ansehen. Aber innen wurde aufwändig renoviert, und die riesigen Zimmer sind üppig ausgestattet. *143 Zi., 10 S. Wabash St., im Loop, Tel. 312/372 76 96, Fax 372 73 20, www.crowneplaza.com, El Brown, Green, Orange bis Madison/Wabash*

Talbott Hotel (117/D 1)
1920 als Wohnhaus für besser verdienende Familien gebaut, seit 1989 ein gemütliches Hotel, wie man es eher in Wien oder Paris vermutet. Riesige Zimmer mit allen Extras – und natürlich haben die Telefone einen Modemanschluss. *146 Zi., 20 E. Delaware Place, Near North, Tel. 312/944 49 70, Fax 944 72 41, www.*

thetalbott.com, U-Bahn Red bis Grand

Whitehall Hotel (117/D 1)
★ Intimes Luxushotel in einem ehemaligen Wohnhaus aus den 20er-Jahren, das aufwändig renoviert wurde. Europäische Eleganz und moderner Komfort, die Zimmer sind im viktorianischen Stil eingerichtet. *221 Zi., 105 E. Delaware Place, Near North, Tel. 312/944 63 00, Fax 944 85 52, www.whitehallchicago.com, U-Bahn Red bis Chicago*

HOTELS €€

(für mittlere Ansprüche ab 140 Dollar pro Doppelzimmer)

Hotel Allegro (116/C 4)
★ Fröhliche, manchmal auch grelle Farben und ein phantasievolles und künstlerisches Design machen dieses Hotel zu einem einzigartigen Juwel. Die Zimmer sind ein wenig klein, aber der Service stimmt, und die CD-Spieler auf den Zimmern sind auch nicht zu verachten. *483 Zi., 171 W. Randolph St., am Loop, Tel. 312/236 01 23, Fax 236 31 77, El Blue, Red bis Washington*

The Claridge (115/E 6)
Die Zimmer sind elegant eingerichtet, in den Suiten brennt ein Kamin. Der Service ist exzellent, und kleine Extras wie warme Kekse zum Schlafengehen und die Morgenzeitung zum Frühstück machen den Aufenthalt angenehmer. Da fällt es einem leichter, den lärmenden Verkehr zu überhören. *163 Zi., 1244 N. Dearborn Av., Near North, Tel. 312/787 49 80, Fax 787 40 69, U-Bahn Red bis Clark/Division*

Buntes Design und Musik im Fahrstuhl: Hotel Allegro

Courtyard By Marriott
Chicago Downtown   (117/D 3)

Courtyard ist der preiswerte Ableger vom Marriott, immer noch fein, aber mehr Standardhotel mit seiner eher nüchternen Einrichtung. Die Restaurants von River North liegen ganz in der Nähe, ansonsten ist man etwas weit ab vom Schuss. *334 Zi., 30 E. Hubbard St., River North, Tel. 312/329 25 00, Fax 329 94 52, U-Bahn Red bis Grand*

Days Inn Lake Shore Dr. (117/D 2)

Am Seeufer gelegen und nahe dem unterirdischen Gang zum dem Navy Pier gelegen. Einige Zimmer wurde 1999 renoviert. Es gibt ein Außenschwimmbad und eine Sonnenterrasse. Das Frühstücksbüfett ist üppig. *578 Zi., 644 Lake Shore Dr., Near North, Tel. 312/943 92 00, Fax 255 44 11, U-Bahn Red bis Grand*

Embassy Suites   (117/D 2)

Schon für 160 Dollar bekommt man eine Zwei-Zimmer-Suite mit komplett eingerichteter Küchenecke inklusive Mikrowelle. Das Frühstück (im Preis inbegriffen) wird im Atrium serviert. Ideal für Familien, auch fünf Leute haben in den Suites bequem Platz. *358 Suites, 600 N. State St., River North, Tel. 312/943 38 00, Fax 943 76 29, U-Bahn Red bis Grand*

Fairmont Hotel   (117/E 4)

Im Zentrum von Chicago gelegenes Tophotel mit erstklassigen Restaurants und aufmerksamem Service. Die Zimmer sind mit allem nur erdenklichen Hightech-Schnickschnack ausgestattet, aber am luxuriösesten sind die superbequemen Betten. *692 Zi., 200 N. Columbus Dr., östlich vom Loop, Tel. 312/565 80 00, Fax 856 10 32, El Brown, Green, Orange bis Randolph*

House of Blues Hotel   (117/D 3)

★ Stilistischer Mix aus gotischen, indischen, marokkanischen und New-Orleans-Einflüssen in einem Themenhotel – gleich nebenan liegt das House of

Blues Restaurant. Alle Zimmer haben Videorecorder, CD-Player, Faxgeräte und Internetanschluss. *367 Zi., Dearborn Av., River North, Tel. 312/245 03 33, Fax 245 05 04, U-Bahn Red bis Grand*

Midland Hotel (116/C 5)

Im Business District gelegenes Hotel, etwas betagt, aber für viel Geld renoviert und mit geräumigen Zimmern ausgestattet. Die Lobby ist mit europäischen Antiquitäten ausgestattet. *387 Zi., 172 W. Adams St., im Loop, Tel. 312/332 12 00, Fax 332 59 09, El Brown bis Quincy*

Palmer House Hilton (117/D 4)

Das Schwesterhotel des Waldorf-Astoria in New York, wenn auch lange nicht so luxuriös. Im 19. Jh. war dies das größte Hotel der Stadt. Und auch heute – nach einer gründlichen Renovierung – präsentiert es sich als eine der Top-adressen. Fitnesscenter, Sauna und fünf Restaurants. *1639 Zi., 17 E. Monroe St., im Loop, Tel. 312/726 75 00, Fax 917 17 07, U-Bahn Red bis Monroe/State*

Luxushotels in Chicago

The Drake (117/D 1)

★ Die »Grande Dame of Chicago« – altehrwürdiges Haus am Lake Michigan mit eleganten Zimmern und exzellentem Service. Im Palm Court wird Nachmittagstee wie in England serviert. *535 Zi., 140 E. Walton Place, Tel. 312/787 22 00, Fax 787 14 31, www.hilton.com, DZ ab 300 $, U-Bahn Red bis Chicago*

Four Seasons Hotel (117/D 1)

Das teuerste Hotel der Stadt mit aufmerksamem Service: Internationale Gäste werden mit einem Jetlag-Tea begrüßt. Geschmackvolle Zimmer, Marmorbäder, Videorecorder und noch viel mehr. *343 Zi., 120 E. Delaware Place, Tel. 312/280 88 00, Fax 280 91 84, www.hyatt.com, DZ ab 400 $, U-Bahn Red bis Chicago*

Hyatt Regency Chicago (117/D 4)

★ Das größte Hyatt Hotel der Welt mit zwei supermodernen Wohntürmen. Komfortabel ausgestattet: In jedem Zimmer befindet sich ein Fed-Ex-Briefkasten – just in case! Die Atrium Lobby mit ihren Bäumen und Panoramafenstern ist eine Attraktion für sich! *2019 Zi., 151 E. Wacker Dr., Tel. 312/565 12 34, Fax 565 29 66, www.hyatt.com, DZ ab 320 $. El Brown, Green, Orange bis Randolph*

Ritz-Carlton Chicago (117/D 1)

Allein die Lobby ist zwölf Stockwerke hoch. Das Ritz bietet jeden nur erdenklichen Service und tut alles, um seinen Platz in der Weltbestenliste zu halten. Traditionell eingerichtete Zimmer mit allen Extras (Faxgerät auf dem Zimmer), elegante Bäder. *435 Zi., 160 E. Pearson St., Tel. 312/266 10 00, Fax 266 11 94, DZ ab 380 $, www.fourseasons. com, U-Bahn Red bis Chicago*

Summerfield Suites Hotel (117/D 2)
Geräumige Wohnungen in einem kürzlich renovierten Hotel der Mittelklasse, ideal für kleine Familien, die nicht ständig im Restaurant essen wollen. Zu jeder Suite gehört eine Küche, außerdem gehören Videorecorder zur Standardeinrichtung. Das Frühstück ist im Preis inbegriffen. *120 Zi., 166 E. Superior St., Near North, Tel. 312/387 60 00, Fax 787 61 33, U-Bahn Red bis Chicago*

Swissotel Chicago (117/E 4)
★ ⚕ Das Hotel mit der schönsten Aussicht auf den Lake Michigan und den Grant Park. Moderne große Zimmer und ein einmaliges Fitnesscenter auf dem Dach. Nebenan wartet ein 9-Loch-Golfplatz. *632 Zi., 323 E. Wacker Dr., östlich vom Loop, Tel. 312/565 05 65, Fax 565 99 30, El Brown, Green, Orange bis Randolph*

Tremont Hotel (117/D 1)
★ Ehemaliges Wohnhaus aus den 20er-Jahren und seit den 70er-Jahren – nach einer aufwändigen Renovierung – ein gemütliches Hotel im europäischen Stil. Fröhliche Farben in den 130 Zimmern. *100 E. Chestnut St., Near North, Tel. 312/751 19 00, Fax 751 86 91, U-Bahn Red bis Chicago*

HOTELS €

(für mittlere Ansprüche ab 80 Dollar pro Doppelzimmer)

Best Western Grant Park (119/D 4)
Preiswertes Hotel mit Standardzimmern. Der selbst gemachte Morgenkaffee und die Tageszeitung sind inklusive, auch die Benutzung des Fitnessraums kostet nichts. Preiswerte Wochenend-Specials bitte erfragen. *172 Zi., 1100 S. Michigan Av., östlich im Loop, Tel. 312/922 29 00, Fax 922 88 12, U-Bahn Red bis Roosevelt/State*

Blackstone Hotel (119/D 3)
288 sehr geräumige und traditionell eingerichtete Zimmer in einem alten, kürzlich renovierten Hochhaus, das einen gewissen Charme ausstrahlt. Hier wurden einige Szenen des Films »The Untouchables« (Die Unbestechlichen) gedreht. *636 S. Michigan Av., östlich vom Loop, Tel. 312/427 43 00, Fax 427 47 36, U-Bahn Red bis Harrison/State*

City Suites Hotel (U/E 3)
★ Gemütliches Vorstadthotel in einem ehemaligen Wohnhaus, die kleinen Suiten sind sehr angenehm eingerichtet. In der Nähe gibt es interessante Bars und kleine Restaurants. *45 Suiten, 933 W. Belmont Av., North Side, Tel. 773/404 34 00, Fax 404 34 05, U-Bahn Blue bis Belmont*

Congress Plaza Hotel (119/D 2)
Das große Hotel ist zentral am Grant Park gelegen. Der Buckingham Fountain und der Lake Michigan liegen direkt vor der Tür. Die gemütliche Einrichtung und der freundliche Service entschädigen für das klobige Äußere des Hauses. *852 Zi., 520 S. Michigan Av., östlich vom Loop, Tel. 312/427 38 00, Fax 427 72 64, U-Bahn Red bis Harrison/State*

Essex Inn (119/D 3)
Sehr einfaches und preiswertes Hotel mit attraktiven Preisange-

boten. Bei manchen Specials bekommt man eine <mark>Eintrittskarte für die Chicago Bears</mark> (ansonsten schwer zu ergattern). *255 Zi., 800 S. Michigan Av., östlich vom Loop, Tel. 312/939 28 00, Fax 922 61 53, U-Bahn Red bis Harrison*

Hampton Inn & Suites (116/C 3)
★ Die Kette ist bekannt für ihre hellen und zweckmäßig eingerichteten Zimmer, an deren Wänden vergrößerte historische Postkarten hängen. Swimmingpool und Sauna im Haus, das Frühstück und den Morgenkaffee gibt es umsonst. *230 Zi./Suiten, 33 W. Illinois St., River North, Tel. 312/832 03 30, Fax 832 03 33, U-Bahn Red bis Grand*

Hotel Monaco (117/D 4)
Geschmackvoll und sehr farbenfroh eingerichtetes Hotel, das erst 1998 eröffnet wurde und auch wegen seiner zentralen Lage sehr beliebt ist. *193 Zi., 225 N. Wabash Av., am Loop, Tel. 312/960 85 00, Fax 960 18 83, Bus 2, 10, 146 bis Wabash Av.*

Lenox Suites Hotel (117/D 2)
Nüchternes Hotel mit praktischer Einrichtung, aber günstig gelegen: Die Shops der Mag Mile sind nur ein paar Straßen entfernt. Die preiswerten Zimmer sind recht klein, die besseren fallen in die mittlere Preisgruppe. *325 Zi., 616 N. Rush St., Near North, Tel. 312/337 10 00, Fax 337 72 17, U-Bahn Red bis Grand*

Motel 6 (117/D 2)
Einziges Hotel der bekannten Kette in der Innenstadt, beliebt wegen der sparsam möblierten, aber sauberen Zimmer zu sehr günstigen Preisen. Sogar ein Res-

taurant gibt es. Für Leute, die sparen müssen oder ihr Geld lieber anderweitig ausgeben. *191 Zi., 162 E. Ontario St., Near North, Tel. 312/787 35 80, Fax 787 12 99, U-Bahn Red bis Grand*

Ohio House Motel (116/C 3)
Sauber und einfach, aber in der Nähe der Clubs und Restaurants an der Gold Coast gelegen. Preiswerter kann man so zentral kaum wohnen. *50 Zi., 600 N. LaSalle St., Near North, Tel. 312/943 60 00, Fax 943 60 63, U-Bahn Red bis Grand*

Surf Hotel (U/E 3)
★ Romantisches Vorstadthotel mit einer eindrucksvollen Lobby und kleinen, aber gemütlichen Zimmern. Antiquitäten aus den 20er-Jahren. Das Frühstück ist im Preis inbegriffen. *45 Zi., 555 Surf St., Wrigleyville, Tel. 773/528 84 00, Fax 528 84 83, Bus 156 bis Sheridan/Surf*

Arlington House
International Hostel (114/C 1)
Jugendherberge am Lincoln Park mit Einzelzimmern (ca. 40 $) und gemischten Schlafräumen (ca. 20 $), ganzjährig geöffnet. *616 W. Arlington Place, Tel. 312/929 53 80, Fax 665 54 85, U-Bahn/El Red, Brown bis Fullerton*

International House of Chicago (U/E 2)
Preiswerte Zimmer (ca. 40 $) auf dem Campus der Loyola University of Chicago. *6318 N. Winthrop Av., Tel. 773/262 10 11, Fax 262 36 73, Bus 55 bis University of Chicago, El Green bis Garfield*

Chicago-Kalender

*Farbenprächtige Paraden und originelle Straßenfeste
bestimmen den Festkalender von Chicago*

Jede ethnische Minderheit feiert ihr eigenes Fest: Ohne Mexikaner, Chinesen, Iren und Afroamerikaner sähe der Festivalkalender der Windy City wesentlich eintöniger aus. Der Winter wird mit viel Kultur, Musik und fröhlichen Straßenfesten ausgetrieben: Dann lockt auch der schwächste Sonnenstrahl die Bewohner Chicagos auf die Straße. Deshalb verwundert die große Zahl der Straßenfeste und kulturellen Veranstaltungen nicht. Man nutzt jede Gelegenheit, um an der frischen Luft zu tanzen, zu singen und zu essen. Die Kunst wird unter das Volk getragen: Statt eines Flohmarktes, wie er vielleicht in vielen anderen Städten abgehalten würde, bietet man Literatur, Malerei und andere Künste an. Chicago hat nicht nur eine Szene, sondern viele Szenen, in jedem Stadtviertel eine, und auf den Straßenfesten verbrüdern sich die Künstler mit den Passanten.

Eine Broschüre mit allen Festivals und Veranstaltungen erhalten Sie beim Chicago Office of Tourism. Über die wichtigsten Termine und Programme informiert außerdem die *Special Events Hot Line, Tel. 312/744 33 70.*

FEIERTAGE

An den folgenden Tagen sind alle Behörden, Banken und viele Läden geschlossen: *New Years Day* (1. Januar), *Martin Luther King Jr. Day* (dritter Montag im Januar), *President's Day* (dritter Montag im Februar), *Memorial Day* (letzter Montag im Mai), *Independence Day* (4. Juli), *Labor Day* (erster Montag im September), *Columbus Day* (zweiter Montag im Oktober), *Veterans Day* (11. November), *Thanksgiving* (4. Donnerstag im November), *Christmas Day* (25. Dezember)

FESTE, VERANSTALTUNGEN, MESSEN

Februar
Black History Month
Zahlreiche Veranstaltungen, Vorträge und Shows zur afrikanisch-amerikanischen Geschichte im *Chicago Cultural Center,* im *Museum of Science and Industry* und im *DuSable Museum of African-American History.*

Chinese New Year Parade
In Chinatown gehen die Uhren anders, wird Neujahr nach dem

Paraden wie diese werden von jeder Volksgruppe Jahr für Jahr veranstaltet

Das Blues Festival auf dem Rasen des Grant Park dauert drei Tage

chinesischen Kalender erst im Februar gefeiert. Mit den traditionellen, bunten Drachen und einem farbenprächtigen Umzug durch das chinesische Viertel zelebrieren die Chicagoer Chinesen den Jahreswechsel.

März

St. Patrick Day´s Parade
★ Am Samstag, der dem 17. März am nächsten liegt, lassen es die Iren ordentlich krachen. Der irische Nationalfeiertag wird auch in der Windy City mit einem lauten Umzug über die Dearborn St. gefeiert.

Juni

Ravinia Festival
Das Chicago Symphony Orchestra und andere Ensembles, Künstler und Ballet Companies treten im Ravinia Park an der North Shore von Chicago auf. *Ticketbestellung Tel. 847/266 51 00, Highland Park, Vorortzug bis Highland Park*

Chicago Blues Festival
★ Am *ersten Wochenende im Juni* feiert die Stadt des Blues ihre Musik: Das Blues Festival gehört zu den bedeutendsten Musikveranstaltungen des Landes und zieht jedes Jahr Fans aus aller Welt an. Und das Beste: Die Open-Air-Konzerte in der Petrillo Music Shell kosten keinen Eintritt. *Grant Park, Bus 3, 4, 6, 60, 145, 147, 151 bis Grant Park*

Gay and Lesbian Pride Parade
★ Die Action erinnert an die Love Parade in Berlin – nur dass hier ausschließlich Schwule und Lesben feiern. Die Parade zieht am *letzten Sonntag im Juni* von der Halsted St. zum Lincoln Park. Dort findet schließlich ein Open-Air-Konzert statt.

Printer's Row Book Fair
Die Printer's Row *(Dearborn St. zwischen Congress und Polk St.)* ist in Chicago für ihre gut sortierten Buchhandlungen bekannt. In der

ersten Juniwoche werden dort neue und antiquarische Bücher auf offener Straße angeboten, und in einem Zelt finden Autorenlesungen statt. *Printer's Row, U-Bahn Red bis Harrison*

Juli

Fiesta del Sol
Ende Juli feiern auch die Mexikaner. Ihre Fiesta, ein großes Volksfest mit Karussells und Imbissständen, findet zwischen der 18th und 22nd St. in Pilsen statt. *U-Bahn Blue bis 18th*

August

Northhalsted Market Days
★ Großes Straßenfest auf der Halsted St. zwischen Belmont Av. und Addison St. Livemusik auf mehreren Bühnen, zahlreiche Stände mit Kunsthandwerk und Fastfood. *U-Bahn Blue bis Belmont*

Chicago Air & Water Show
Tollkühne Männer in fliegenden Kisten und (beinahe) fliegenden Booten vor und über dem North Av. Beach. Genaues Programm: *Tel. 312/744 33 15, Bus 72 bis Lincoln Park*

September

Around the Coyote
Action im neuen Künstlerviertel: Jedes zweite Wochenende im September öffnet die Künstlerenklave in Wicker Park und Bucktown ihre Ateliertore und feiert mit den Besuchern. *U-Bahn Blue bis Damen*

Oktober

Chicago International Film Festival
Alternative und unabhängige Filme (*low budget,* ohne große Verleihfirma) werden in verschiedenen Kinos der Stadt gezeigt. Das Festival beginnt am *ersten Donnerstag im Oktober* und dauert zwei Wochen. *Programm: Tel. 312/425 94 00*

November

Magnificent Mile Lights Festival
Die Amerikaner lieben Paraden und bunte Lichter. Bei diesem Event bekommen sie beides: Beleuchtete Disneyfiguren treffen den Weihnachtsmann auf der *Mag Mile,* und die Ladenbesitzer verschenken Schokolade. *U-Bahn Red bis Chicago/State, Sa vor Thanksgiving*

MARCO POLO TIPPS FÜR VERANSTALTUNGEN

1 St. Patrick Day's Parade
Zum irischen Feiertag wird der Chicago River grün gefärbt (Seite 70)

2 Chicago Blues Festival
Chicago feiert seine Musik mit Fans aus aller Welt (Seite 70)

3 Gay and Lesbian Pride Parade
Bunte Parade mit Open-Air-Konzert (Seite 70)

4 Northhalsted Market Days
Das wohl unterhaltsamste Straßenfest der Stadt (Seite 71)

Am Abend gehen wir aus

Chicago gilt als Hochburg für kulturelle Veranstaltungen ersten Ranges und ausgefallene Szenetreffs

Chicago ist eine Weltstadt. Das merkt man auch abends, wenn die Sonne untergeht und die Wolkenkratzer im bonbonfarbenen Licht der Scheinwerfer erstrahlen. Hinter den beleuchteten Fassaden und in den lauten Gassen von Old Town, North Side und Wicker Park richten sich die Spotlights auf Schauspieler, Sänger, Tänzer und andere Künstler, und die lebendige Szene der Windy City erwacht zu neuem Leben. Und selbst wenn das bekannteste Kabarett der Stadt »The Second City« heißt – auch nachts kann Chicago mit New York mithalten, und manche Ensembles und Truppen lassen den »Big Apple« (wie New York genannt wird) sogar ziemlich alt aussehen. Nachtlokale und Szenetreffs gibt es in angesagten Vierteln wie Wicker Park und River North, aber auch im Loop.

Sicher, die Stadt an der Ostküste hat die besseren Diskos. Aber wer nach Chicago kommt, will andere Musik hören: Blues, vor allem authentischen, und (alternativen) Rock. Einige der besten Gruppen kommen aus Chicago: die Smashing Pumpkins, Urge Overkill, Poi Dog Pondering und natürlich Chicago, die Band, die sich nach der Stadt benannt hat. Kulturell macht Chicago den anderen Metropolen vor allem mit alternativen Theatergruppen wie Steppenwolf und begnadeter Oper heftige Konkurrenz. Und mit den Open-Air-Konzerten, die im Sommer in den Parks der Stadt stattfinden.

BARS UND NACHTLOKALE

Berlin   **(U/E 3)**
Eigentlich ein schicker Schwulentreff mit der entsprechenden Musik (Frankie Goes to Hollywood lebt!) und ausgeflipptem Personal, aber auch bei Heteros sehr beliebt. Auf riesigen Videowänden turnen Prince und andere Publikumslieblinge. *Ab Mitternacht, 954 W. Belmont Av., North Side, U-Bahn Blue bis Belmont*

Big Brasserie and Bar   **(117/D 4)**
★ ⚜ Riesige Bar in der Atriumlobby des (beinahe) futuristisch

Die Musikszene Chicagos ist vielseitig; im Club Kingston Mines treten die Blues-Größen auf gestylten Hyatt Regency mit erlesenen Weinen und seltenen Whiskysorten, auch aus England. Superaussicht auf die nächtliche Stadt. *Tgl. 11–2 Uhr, 151 E. Wacker Dr., Loop, El Brown, Orange, Green bis Randolph*

Big Chicks (U/E 3)

Schwule, Lesben und kreative Heteros fühlen sich in dieser Bar der Künstlerin Michelle Fire wohl. Ihre Bilder hängen an den Wänden. Am Wochenende wird getanzt, und sonntags gibt es Schleckereien vom kostenlosen Büfett. *5024 N. Sheridan Rd., Lincoln Park, U-Bahn Red bis Argyle*

CroBar Night Club (114/A 4)

Bei den Jugendlichen angesagter Hip-Hop- und Technotempel in einem Lagerhausviertel nordwestl. vom Loop. Die Dekoration würde auch in einen düsteren Sciencefictionfilm passen. Die größte Tanzfläche der Stadt. Sonntags kommen die Drag Queens und (manchmal) Basketballstar Dennis Rodman. *Mi–So 21–4 Uhr, 1543 N. Kingsbury Court, Near North, El Red bis North/Clyborn*

Drink (116/A 4)

★ Der interessanteste und wahrscheinlich größte Club der Stadt. Man vergnügt sich in den ehemaligen Lagerräumen, tanzt zum Rock 'n' Roll der Seventies und schlürft die Drinks des Hauses aus Eimern und Babyflaschen. Sechs Bars (an einer werden 50 verschiedene Wodkamarken ausgeschenkt) und ein Cigar Room für Raucher. *Mo 11.30–14.30, Di, Mi 11.30–2, Do, Fr 11.30–4, Sa 17.30–4 Uhr, 702 W. Fulton St., Near West, El Green bis Clinton*

MARCO POLO TIPPS FÜR DEN ABEND

1 Big Brasserie and Bar
Die edle Bar in der Atriumlobby des Hyatt (Seite 73)

2 Drink
Wo die Drinks in Eimern und Babyflaschen serviert werden (Seite 74)

3 The Second City
Politisches Kabarett der Extraklasse (Seite 76)

4 Music Box Theatre
Schmuckkästchen aus den 20er-Jahren (Seite 76)

5 B. L. U. E. S.
Hier wird der Blues regelrecht zelebriert (Seite 77)

6 Kingston Mines
Der Klassiker unter den Blueslokalen mit zwei Bühnen (Seite 78)

7 New Checkerboard Lounge
Wo der Mississippi durch Chicago fließt (Seite 78)

8 Hubbard St. Dance
Jazztanz in höchster Vollendung (Seite 79)

9 Lyric Opera of Chicago
Besser kann Oper kaum sein! (Seite 79)

10 Steppenwolf Theatre Company
John Malkovich und andere Berühmtheiten live on stage (Seite 79)

Highlife aller Sorten bietet der Excalibur Entertainment Complex

Excalibur Entertainment Complex (116/C 2)

Der Name sagt alles: In dem römisch gestylten Club wird auf Größe gesetzt. Die Chicago Tribune wählte diese Ansammlung von Diskos und Game Rooms zum besten Club der Stadt, einigen Einheimischen ist er zu kosmopolitisch und touristisch. Für Abwechslung ist auf jeden Fall gesorgt. *So–Fr 16–4, Sa 16–5 Uhr, 632 N. Dearborn St., Near North, Bus 22 bis Ontario St.*

Hopleaf (U/E 3)

College Kids und gebildete Yuppies bevorzugen diese schicke Bar in Wrigleyville, blättern in Szenezeitschriften, lauschen der seltsamen Mischung (Country, Jazz, Rhythm & Blues) aus der Musikbox und trinken eine der über 100 Sorten Bier. Wer es etwas ruhiger mag, ist hier richtig. *5148 N. Clark St., Wrigleyville, U-Bahn Red bis Berwyn*

<mark>The Matchbox</mark> (U/E 3)

✪ Gemütliche Bar in River North mit ausgezeichneten Mixed Drinks, aber Sie sollten früh kommen, um einen der zwölf Barhocker zu ergattern. Für den Drink vor der Disko oder den Absacker. *700 N. Milwaukee, Near North, Bus 8, 65 bis Grand Av.*

O'Rourke's (114/B 4)

✪ Irischer Pub und beliebter Treff für die kreative Zunft von der Steppenwolf Theatre Company gegenüber. Den Schriftstellern und Möchtegernautoren, die hier auch gerne verkehren, gefallen das dunkle Guinness und die Dichterfotos an den Wänden. *1625 N. Halsted St., Old Town, Bus 72 bis Halsted*

<mark>Red Dog</mark> (U/E 3)

Unter dem Dach eines alten Wohnhauses im neuen Szeneviertel Wicker Park liegt der wohl beliebteste Undergroundclub der Stadt. Montags feiern die Schwulen und bunten Vögel im Boom-Boom Room. *1958 W. North Av., Wicker Park, U-Bahn Blue bis Damen*

Roscoe's Tavern (U/E 3)

Altmodischer Laden mit großer Bar, Pool Tables und stattlicher Tanzfläche. Im Patio werden kleine Snacks serviert. Wird auch gerne von den Schwulen der Gegend besucht. *3356 N. Halsted St., Lincoln Park, U-Bahn Red bis Belmont*

Sidetrack (U/E 3)

Ziemlich dunkler Schuppen für Videofans, die mit den neuesten Clips von mehreren Bildschirmen zugedröhnt werden wollen. Die laute Alternative zu Roscoe's gegenüber. *3349 N. Halsted St., Lincoln Park, U-Bahn Red bis Belmont*

Tania's (U/E 3)

Schöne Música Latina in einem Restaurant, das sich spätabends in einen Dinner Club verwandelt. Man tanzt zu rhythmischen Salsaklängen und wiegt sich zur Rumba. *Fr, Sa ab 22.30 Uhr, 2659 Milwaukee Av., North Side, Bus 56 bis Kedze Av.*

COMEDY

All Jokes Aside (118/C 3)

Nur für Besucher, die auch mit amerikanischen Dialekten zurechtkommen: Afroamerikanischer und lateinamerikanischer Humor von erstklassigen Comedians. Mittwoch ist Newcomertag. *Mi–So ab 18 Uhr, 1000 S. Wabash Av., Bus 1, 3, 4 bis 9th St., Near South, El Green, Orange bis Roosevelt/State*

The Second City (115/D 4)

★ Seit 1959 die erste Adresse für politische Satire, das »Second City« bezieht sich auf den angeblich zweiten Platz hinter New York. Bissiger Humor, erstklassige Darsteller. Zahlreiche Ensemblemitglieder (beispielsweise John Malcovich) haben auch Karriere als Filmstars gemacht. *Mo–Do 20.30, Fr, Sa 20 und 22.30, So 20 Uhr, 1616 N. Wells St., Old Town, Bus 72 bis N. Wells St.*

KINOS

Music Box Theatre (U/E 3)

★ Ein Schmuckstück aus den Golden Twenties, allein der Anblick des historischen Kinos mit seinen verspielten Stuckleisten und farbenprächtigen Bildern lohnt den Besuch. Auf dem Programm stehen ausländische und alternative Filme. *3733 N. Southport Av., Tel. 773/871 66 04, Lincoln Park, U-Bahn Red bis Addison*

600 N. Michigan (117/D 2)

Größter Kinokomplex von Chicago mit zahlreichen Filmtheatern und dem besten Sound: Hier werden die großen Hollywoodfilme in bester Qualität gezeigt, auch das Chicago International Film Festival flimmert hier über die Leinwand. *600 N. Michigan Av., U-Bahn Red bis Chicago*

KLASSISCHE MUSIK

Chicago Symphony Orchestra (117/D 5)

Seit 1891 eine Institution in Chicago, unter Georg Solti zu Weltruhm gekommen, mit über 900 (!) Alben und über 50 Grammy Awards ganz oben in den Classic Charts. Jede Saison konzentriert man sich auf einen großen Meister. Im Sommer musiziert das Orchester beim Ravinia Festival unter freiem Himmel im Highland Park. *Symphony Center, 220 S. Michigan Av., Loop, Tel. 312/294 30 00, Bus 3, 4, 14, 60, 145, 147, 151 und El Orange, Brown, Green bis Adams*

MUSIKKNEIPEN

Blue Chicago (116/C 2)

Einer der besten Bluesclubs der Stadt, im Stil der 40er-Jahre eingerichtet. Auch die niedrigen Eintrittspreise sind verlockend. Vor allem die Queens des Blues treten hier auf. *Mo–Sa 20–2 Uhr, 736 N. Clark St., Near North, Bus 125 bis Clark*

B.L.U.E.S. (114/B 1)

★ Sogar die überregionale New York Times bezeichnete diesen Club als »sichere Bank«. Man sitzt zwar gedrängt, aber deshalb auch dicht vor der kleinen Bühne und ist hautnah dabei. *Tgl. ab 21 Uhr, 2519 N. Halsted St., Near North, El Brown, Purple und U-Bahn Red bis Fullerton*

Buddy Guy's Legends (118/C 3)

Buddy Guy gehört zu den besten Bluesgitarristen. In seinem Club spielen berühmte Kollegen und begabte Newcomer, die Wände sind mit Bluesmemorabilia behängt. *Mo–Do 17–2, Fr 16–2, Sa 17–3, So 18–2 Uhr, 754 S. Wabash Av., südlich vom Loop, U-Bahn Red bis Harrison*

Double Door (U/E 3)

Früher eine Biker-Absteige, in der Bands wie Marshall Tucker ihren Abgang feierten, heute ein anerkannter Club für Rock und Alternative Rock. Sehr gute Akustik! Liveauftritte ab 21 Uhr. *1572 N. Milwaukee Av., Wicker Park, U-Bahn Blue bis Damen*

Equator Club (U/E 3)

Afrikanische und karibische Klänge ertönen in diesem stim-

Die wahre Musik der Stadt hört man auch im Blue Chicago

Jamsessions und Improvisationen halten die Musik lebendig

mungsvollen Kellerlokal. Die Musik kommt meist von CDs, aber manchmal treten auch Livebands auf. Liveshows ab 20 Uhr. *4715 N. Broadway, North Side, U-Bahn Red bis Lawrence*

Kingston Mines (114/B 1)

★ Seit über 30 Jahren einer der bekannten Blues Hangouts, sogar die Musiker kommen zum Zuhören hierher. Auf zwei Bühnen wird abwechselnd Musik gemacht. Auch Schauspieler George Clooney (»Emergency Room«, »Der Sturm«) tauchte dort schon auf. *Fr 20–4, Sa 20–5 Uhr, 2548 N. Halsted St., Near North, El Brown und U-Bahn Red bis Fullerton*

Metro (U/E 3)

Das abgetakelte Gebäude täuscht: Metro gehört zu den besten Rockclubs der Stadt. Die Bands REM und die Smashing Pumpkins haben hier angefangen. Einmal pro Woche dürfen Newcomer spielen. *Tgl. ab 18.30 Uhr, 3730 N. Clark St., Wrigleyville, U-Bahn Red bis Addison*

New Checkerboard Lounge (U/F 5)

★ Ziemlich abgelegen in der South Side, aber bei wahren Blueskennern am höchsten im Kurs, hier wird der Mississippi Blues im Original gespielt. *Tgl. ab 21.30 Uhr, 423 E. 43rd St., South Side, Bus 43 bis 43rd St.*

Old Town School of Folk Music (U/E 3)

Seit über 40 Jahren eine erstklassige Schule für Folkmusiker und gastgebendes Auditorium für die Creme der Folk- und Bluegrass Music. *Programminformationen: Tel. 773/525 77 93, 4533 N. Lincoln Av., North Side, Bus 11, El Brown bis Montrose*

Wild Hare (U/E 3)

Im Schatten des Wrigley Field liegt die selbst ernannte »Reggae-Hauptstadt von Amerika«. Erstklassige Bands aus Jamaika heizen die Stimmung an und sorgen für karibische Atmosphäre. *Tgl. ab 21.30 Uhr, 3530 N. Clark St., Wrigleyville, U-Bahn Red bis Addison*

TANZ

Hubbard Street Dance (119/D 2)

★ Die Truppe begann 1977 in einem kleinen Studio in der Hubbard St. und entwickelte sich zu einer der besten des Landes. Phantasievolle Choreografien, besser kann Jazztanz nicht sein. *50 E. Congress Av., Grant Park, Tickets: Tel. 312/902 15 00, Bus 2, 7, 10, 126, 146 bis Congress*

The Joffrey Ballet of Chicago (119/D 2)

Modernes Ballett in höchster Vollendung. Das Ensemble kommt ursprünglich aus New York und tritt im selben Auditorium Theater wie Hubbard auf. *50 E. Congress Av., Grant Park, Tickets: Tel. 312/902 15 00, Bus 2, 7, 10, 126, 146 bis Congress*

THEATER, OPER, MUSICAL

Ford Center for the Performing Arts (116/C 4)

Das Oriental Theatre, eines der historischen Kinos im Loop (1925 erbaut), wurde aufwändig restauriert und im Stil der 20er-Jahre wiedereröffnet: ein nostalgisches Ambiente für bekannte Broadway-Musicals. *24 W. Randolph St., Loop, Tickets: Tel. 312/ 855 94 00, El Green, Brown, Orange bis Randolph*

Goodman Theatre (117/D 5)

Eines der ältesten und besten Theater in Chicago spielt klassische und neue Stücke in interessanten Inszenierungen. Bekannte Schauspieler treten regelmäßig auf. Die Eröffnung eines neuen Goodman im Loop ist geplant. *200 S. Columbus Dr., Grant Park, Tel. 312/443 38 00, Bus 1, 7, 126 bis Art Institute, El Green, Brown, Orange bis Adams*

Lyric Opera of Chicago (116/B 5)

★ Aufwändige Inszenierungen bekannter Opern mit Weltstars wie Plácido Domingo und Jessye Norman. Seltener sind Uraufführungen neuer Stücke junger amerikanischer Autoren. Karten für die Lyric Opera sind äußerst schwer zu bekommen, deshalb rechtzeitig im Voraus bestellen. *Civic Opera House, Near West, Tel. 312/332 22 44, Bus 14, 20, 56, 157 bis Civic Opera House*

Steppenwolf Theatre Company (114/B 4)

★ Ausgezeichnetes Ensemble, das sowohl mit traditionellen Stücken als auch mit mutigen Performances auf sich aufmerksam macht. Für viele Kritiker zählt das Steppenwolf Theatre zu den besten Theatern der USA. Die Akustik ist atemberaubend! *1630 N. Halsted St., Old Town, Tel. 312/335 16 50, Bus 72 bis N. Halsted, U-Bahn Red bis North/ Clybourn*

Victory Gardens Theater (114/B 1)

In den 70er-Jahren gegründetes Theater, wesentlich konservativer als Steppenwolf, aber sehr interessant, weil Stücke von Autoren aus Chicago von Schauspielern aus Chicago aufgeführt werden. *2257 N. Lincoln Av., Near North, Tel. 773/871 30 00, El Brown, U-Bahn Red bis Fullerton*

Zwischen Mississippi und Lake Erie

Autorennen und historische Städtchen, Farmland und weite Dünenstrände

Ein Strandurlaub tief im Herzen des Kontinents gefällig? Eine Wanderung entlang felsiger Küste, ein gemütliches Catfish-Dinner am Ufer des mächtigen Mississippi? Oder doch lieber ein Besuch in der »Motown« Detroit bei den blitzblank polierten Oldtimern von Henry Ford? Die Region um die Großen Seen kann all dies bieten und hält dazu noch einige Überraschungen bereit. Die Anrainerstaaten der Seen – Ohio (OH), Indiana (IN), Michigan (MI), Illinois (IL), Wisconsin (WI) und Minnesota (MN) – besitzen zwar nicht die Dramatik des Westens mit seinen roten Cañons und Wüsten, doch viele kleinere Attraktionen gestalten den Urlaub reizvoll.

Es ist eine liebliche, sattgrüne Landschaft, ähnlich wie in Mitteleuropa, die sich über die eiszeitlich geformten Hügel um die Großen Seen hinzieht. Riesige Farmen im Süden, unendlich scheinende Waldgebiete im Norden, herrliche Dünenlandschaften entlang der fast 6000 km langen Küsten, Sandstrände und felsumrahmte Buchten. Und dazwischen pittoreske Ferien- und Fischerorte, feine Golfresorts und stille Wanderreviere, von denen man in Europa noch kaum je gehört hat. Ein Land also für Entdecker, die dann auch auf so stimmungsvolle Landstriche stoßen werden wie etwa das Amish Country in Indiana, wo deutschstämmige Bauern einfach und gottgefällig leben wie ihre Ahnen vor 200 Jahren.

Einige interessante Ausflüge lassen sich per Mietwagen mühelos in ein oder zwei Tagen von Chicago aus unternehmen, so etwa ein Badetrip zu den Indiana Dunes nahe Michigan City oder eine nostalgische Fahrt auf der Route 66 nach Springfield und St. Louis im Nachbarstaat Missouri (MO). Andere Ziele bedeuten Ausflüge von mehreren Tagen: Mackinac Island etwa, die idyllische Door Peninsula in Wisconsin oder die historischen Städtchen Galena oder Hannibal am

Bilderbuchdörfer, wie hier Galena, können von Chicago aus besucht werden

Mississippi, die Heimatstadt Mark Twains. Um die Region der Großen Seen wirklich kennen zu lernen, sollten Sie sich zwei bis drei Wochen Zeit gönnen. Am besten im Hochsommer, wenn Sie baden möchten, ansonsten sind auch das ruhigere Frühjahr und der farbenprächtige Herbst sehr gute Reisezeiten.

(Detaillierte Informationen über das kanadische Nordufer der Großen Seen und die Niagara-Fälle bietet der Marco Polo Band »Kanadas Osten«.)

CLEVELAND, OH

(123/F 4) Stahlkochereien und hässliche Hafenbezirke bestimmten lange das Bild der Industriestadt (2,9 Mio. Ew. im Großraum) am Südufer des Lake Erie. Anfang des 19. Jhs. war Cleveland ein wichtiger Wirtschaftsstandort Amerikas mit Firmen wie John D. Rockefellers Standard Oil Company. Nach dem Zweiten Weltkrieg folgte ein langer, schmerzvoller Niedergang, doch in jüngster Zeit hat die Stadt wieder an Attraktivität gewonnen: Die *Waterfront* am Seeufer und alte Lagerhallenbezirke wie *The Flats* am Cuyahoga River wurden restauriert, im Viertel *University Circle* entstanden eine Reihe ausgezeichneter Museen, und Christoph von Dohnányi führte das Cleveland Orchestra zur Weltgeltung.

BESICHTIGUNG

Terminal Tower

Schönster Punkt für einen Blick über die Stadt ist die Aussichtsplattform im 42. Stockwerk des Terminal Tower im Zentrum. Gleich gegenüber lohnt sich ein Blick in die prächtig verzierte *Arcade (401 Euclid Av.)* aus dem Jahr 1890 – eine der ersten Shoppinggalerien Amerikas.

MARCO POLO TIPPS FÜR DIE GROSSEN SEEN

1 Amish Country
Zeitreise in ein friedvolles, altmodisches Bauernland (Seite 93)

2 Cahokia Mounds
Spuren einer uralten indianischen Zivilisation (Seite 93)

3 House on the Rocks
Exzentrische Sammlung eines Visionärs (Seite 94)

4 Henry Ford Museum
Die ältesten Model-T-Autos und viele andere Oldtimer (Seite 84)

5 Mackinac Island
Nostalgische Sommerfrische wie in der guten alten Zeit (Seite 88)

6 Rock and Roll Hall of Fame
Alles über den Rock – von Elvis zu Jimi Hendrix (Seite 83)

7 Sleeping Bear Dunes
Dünen wie in der Sahara – bis zu 140 m hoch (Seite 95)

8 Taliesin
Ein Schrein für Frank Lloyd Wright, Amerikas berühmtesten Architekten (Seite 94)

MUSEEN

Cleveland Museum of Art

Eines der besten Kunstmuseen der Neuen Welt. Besonders sehenswert: die großartige mittelalterliche Sammlung mit vielen Stücken aus dem Welfenschatz. *Di–So 10–17 Uhr, Eintritt frei, 11150 East Boulevard*

Rock and Roll Hall of Fame

★ Direkt am Seeufer ein kühner Bau vom Stararchitekten I. M. Pei, drinnen gibt's Reliquien berühmter Bands und Ausstellungen zur Geschichte der Rockmusik. *Tgl. 10–17.30, Mi bis 21 Uhr, Eintritt 15 $, E 9th St./ Erieside Av.*

RESTAURANT

Watermark

◁▷ Guter Fisch und nette Terrasse im Hafenviertel The Flats. *1250 Old River Rd., Tel. 216/ 241 16 00, €€*

HOTEL

Glidden House

Ideal für Kunstfans: ein angenehmer historischer Inn gegenüber dem Museum of Art. *52 Zi., 1901 Ford Dr., Tel. 216/231 89 00, Fax 231 21 30, €€*

ZIEL IN DER UMGEBUNG

Sandusky (123/E 4)

Wer mit Kindern reist oder Achterbahnen liebt, ist in diesem Ferienort am Lake Erie richtig. Im riesigen Vergnügungspark *Cedar Point* fahren nämlich zwölf der größten, schnellsten und steilsten *rollercoaster* der Welt. *Mai bis Anfang Sept. tgl. geöffnet*

DETROIT, MI

(123/E 4) Rußige Fabriken und heruntergekommene Wohnviertel sind die ersten Eindrücke bei der Einfahrt in die mit 5,3 Mio. Menschen wichtigste Metropole im Staat Michigan. Dabei hat die Stadt am Detroit River, der hier die Grenze zu Kanada bildet, einen großen Namen als Autohauptstadt Amerikas. Hier erfand Henry Ford das Fließband, hier baute Thomas Edison das erste Elektrizitätswerk der Welt, hier stand die erste Verkehrsampel, und hier befinden sich bis heute die gigantischen Autowerke von General Motors, Ford und Chrysler. Eine Stadt, die stolz sein kann auf ihre Leistungen.

Blutige Streiks in den Fabriken, Rassenunruhen und eine hohe Kriminalitätsrate haben Detroit jedoch ein schlechtes Image beschert. Erst in den letzten Jahren setzte der Umschwung ein: Viele Slumviertel werden nun aufgeräumt, und die früher völlig verödete Downtown am Detroit River gewinnt an Leben zurück.

BESICHTIGUNGEN

Die beste Sightseeingtour für einen ersten Überblick kostet nur 50 Cents: eine Rundfahrt mit dem *Detroit People Mover*, einer vollautomatischen Hochbahn rund um die Innenstadt. Lohnende Stopps sind das aus spiegelnden Glaszylindern erbaute ◁▷ *Renaissance Center* (Aussichtsplattform und Drehrestaurant) und das bunte Restaurantviertel *Greektown* um die Monroe St. Etwas weiter westlich an der Woodward Av., der Hauptverkehrs-

Hier schlägt das Herz eines jeden Autofreaks höher: Henry Ford Museum

achse der Stadt, liegt das Kulturviertel Detroits mit dem Campus der *Wayne State University* und dem Kunstmuseum *Detroit Institute of Arts (5200 Woodward Av.),* das neben Klassikern wie Pieter Breughels »Dorfhochzeit« auch sehr sehenswerte Monumentalgemälde der Industrien Detroits von Diego Rivera besitzt.

Ebenfalls einen Tagesbesuch wert ist der *Belle Isle Park* auf einer Insel im Detroit River mit einem großen Aquarium und dem *Dossin Great Lakes Museum,* das die Schifffahrt auf den Seen dokumentiert. Schön für einen Bummel ist das Szeneviertel um die *Main Street* im Vorort 🚶 *Royal Oak.* In Straßencafés und Kneipen zeigen sich die jungen Schönen, Blues und Rockmusik dringt aus den offenen Barfenstern.

MUSEEN

Henry Ford Museum

★ Mit Dutzenden von Oldtimern dokumentiert dieses riesige Museum die Geschichte der Autoindustrie und der Technologie Amerikas. Angeschlossen ist *Greenfield Village,* ein Freilichtmuseum mit 80 historischen Häusern wie dem Fahrradladen der Wright-Brüder und dem Laboratorium von Thomas Edison. In den Restaurants kann man Pausen einlegen. *Tgl. 9–17 Uhr, Eintritt 12,50 $, Museum und Village 23 $, Village Rd./Oakwood Bd., Dearborn*

Motown Museum

In dem schlichten Haus war von 1959 bis 1972 das Aufnahmestudio von Motown-Plattenstars wie Smokey Robinson, Diana Ross und den Supremes. *Di–Sa 10–17, So, Mo ab 12 Uhr, Eintritt 6 $, 2648 W. Grand Bd.*

Museum of African-American History

Ein großer Museumskomplex, der das Schicksal der Schwarzen in Amerika von der Sklaverei bis heute illustriert. *Di–So 9.30 bis 17 Uhr, Eintritt 5 $, 315 E. Warren Av.*

Franklin Street Brewery

🕺 Beliebtes Szenelokal im Night-life-Viertel Rivertown; gute Fisch- und Nudelgerichte. *Tgl. ab 18 Uhr, 1560 Franklin St. , Tel. 313/568 03 90, €€*

Memphis Smoke

◆ Rippchen und deftige Süd-staatenküche im Hip-Viertel Royal Oak; ab 22 Uhr oft Blues. *Tgl. ab 18 Uhr, 100 S. Main St., Tel. 248/543 43 00, €-€€*

The Whitney

Elegantes Dinnerrestaurant in einer viktorianischen Villa am Westrand der Innenstadt. Beliebt für Geschäftsessen, sehr gute Weinkarte. *Mo–Fr 11–14, 17–21, Sa 17–22, So 17–20 Uhr, 4421 Woodward Av., Tel. 313/832 57 00, €€-€€€*

Atheneum Suite Hotel

Moderner Turmbau mit 174 Zimmern; gutes Restaurant mit Cajun-Küche: das »Fishbone Rhythm Kitchen Café«. *1000 Brush St., Tel. 313/962 23 23, Fax 962 24 24, €€-€€€*

Hampton Inn Dearborn

Modernes, aber einfaches Ket-tenhotel nahe am Henry Ford Museum. *119 Zi., 20061 Michi-gan Av., Tel. 313/436 96 00, Fax 436 83 45, €*

Detroit Visitor Center

211 W. Fort St., Detroit, MI 48 226, Tel. 313/202 18 00, Fax 202 18 34, www.visitdetroit.com

GALENA, IL

(**122/B 4**) Das charmante histori-sche Städtchen (4000 Ew.) an einem Seitenarm des Mississippi besaß im 19. Jh. den wichtigsten Hafen nördlich von St. Louis. Schaufelraddampfer legten hier an, und auf großen Frachtern wurde das Blei aus den Bergwer-ken der Umgebung verschifft. Doch dann versandete der Hafen, und Galena sank in einen Dorn-röschenschlaf. Erst in den letzten Jahrzehnten wurde das gut er-haltene Kleinod aus den Bürger-kriegstagen wiederentdeckt: Man hat die ornamentierten al-ten Ziegelbauten an der *Main Street* restauriert, und Res-taurants, Kunstgalerien und Lä-den zogen ein. Die prächtigen Kapitänsvillen an den Hängen über dem Galena River bergen heute stimmungsvolle Country Inns und Bed-&-Breakfast-Unterkünfte, in denen man sich wohl fühlt.

Mit historischen Fotografien erzählt das kleine *Galena History Museum (211 Bench St.)* liebevoll die Geschichte der Stadt, die herrlich verzierte *Belvedere Man-sion (1008 Park Av.)* von 1857 kann besichtigt werden und gibt Ein-blick in das Leben eines reichen Reeders im 19. Jh.

Übernachten können Sie im *DeSoto House Hotel* von 1855, re-noviert und mitten in der Altstadt gelegen (*55 Zi., 230 S. Main St., Tel. 815/777 00 90, Fax 777 95 29, €€- €€€) oder im Park Av. Guest House,* einer gepflegten Früh-stückspension in einem viktoria-nischen Haus von 1897, ruhig ge-legen, aber nicht weit zur Altstadt (*4 Zi., 208 Park Av., Tel. 815/777 10 75, Fax 777 10 97, €-€€*).

Ebenfalls sehr lohnend ist eine Fahrt durch das von Apfelplantagen und Wäldchen überzogene Hügelland ringsum. Bilderbuchdörfer wie *Scales Mound* oder *Warren* veranschaulichen das ländliche Leben im Midwest.

ZIEL IN DER UMGEBUNG

Dubuque (122/B 4)

Ein weiterer alter Hafenort, doch Dubuque liegt direkt am Ufer des Mississippi im Nachbarstaat Iowa. Vom ☙ *Eagle Point Park* aus bietet sich von einer Klippe ein herrlicher Blick über den Strom und die Schleusen am *General Pike Dam*. In der Altstadt blieben um die Locust und Bluff Street noch viele klassizistische Häuser aus der Blütezeit Dubuques erhalten, als die Stadt durch den Bleiabbau zu Reichtum kam.

GREEN BAY, WI

(122/C 2) Jedes Kind in Amerika kennt Green Bay, denn es ist die Heimatstadt der »Packers«, einer legendären Footballmannschaft, die schon mehrfach die US-Meisterschaften gewann. Da darf gegenüber dem Stadion an der Lombardi Street eine *Hall of Fame (tgl. 10–17 Uhr)* nicht fehlen. Auf dem Übungsplatz nebenan kann man ab Juni den Muskelhelden beim Sommertraining zusehen.

Doch Green Bay hat auch Geschichte: Es ist eine der ältesten weißen Siedlungen an den Großen Seen – 1669 gegründet von einem französischen Jesuitenmissionar. Durch Holzindustrie und Handel kam die Stadt zu Reichtum. Das Leben der Pioniere veranschaulicht am Highway 172 das Freilichtmuseum *Heritage Hill State Park*, die leidvolle Geschichte der Indianer zeigt das *Oneida Nation Museum* im Reservat westlich der Stadt. Für Dampflokfreunde wartet am Südrand der Stadt noch ein besonderer Leckerbissen: Das *National Railroad Museum* stellt rund 70 alte Loks und Wagons aus *(2285 S. Broadway)*.

Ein feines Countryhotel im Vorort De Pere ist das *James St. Inn.* es ist in einer alten Getreidemühle am Ufer des Fox River untergebracht. Stimmungsvoll. *(30 Zi., 201 James St., De Pere, Tel. 920/337 01 11, Fax 337 61 35, €–€€)*

ZIEL IN DER UMGEBUNG

Door Peninsula (122/C 2)

Die lang gestreckte Halbinsel nordöstlich von Green Bay ist mit ihrer 400 km langen Küste das wohl beliebteste Feriengebiet Wisconsins. Zerklüftete Felsklippen, malerische Strandbuchten und hübsche Hafenorte ähnlich wie in Neuengland säumen die Küsten, im Binnenland überziehen große Kirschplantagen die Hügel im Frühjahr mit einem weißrosa Blütenteppich. Ein herrliches Revier für Radtouren und für gemütliche Tage bei Küstenwanderungen und Fischdinners. Die schönsten Dörfer: *Bayley's Harbor, Egg Harbor* und *Fish Creek.* Ein ruhiges Plätzchen zum Baden und Entspannen bietet der *Whitefish Dunes State Park.* Hauptort der Insel ist Sturgeon Bay (10 000 Ew.). *Information: Door County Chamber of Commerce, 1012 Green Bay Rd., Sturgeon Bay, WI 54235, Tel. 920/743 44 56, Fax 743 78 73*

HANNIBAL, MO

(**122/A 5**) Ein kleiner Hafenort wie viele am Mississippi River, mit schönen Alleen in den Wohnstraßen und einer pittoresken Altstadt. Doch Hannibal (18 000 Ew.) ist berühmt, denn einer der ganz großen amerikanischen Schriftsteller verbrachte hier seine Jugend: Samuel Longhorn Clemens (1835–1910), besser bekannt als Mark Twain. Hier arbeitete er als Lotse, was ihm seinen Namen brachte. »Mark Twain« bedeutet: zwei Faden Wasser markieren. Und er nutzte seinen Heimatort als Kulisse für die Abenteuer seiner bekanntesten Romanfiguren Tom Sawyer und Huckleberry Finn. Und selbst, wer die Werke nicht gelesen hat, kennt sie als Verfilmung. Kein Wunder, dass das Städtchen heute vom Literaturtourismus lebt: Theater führen Twain-Stücke auf, ein Mark-Twain-Schaufelraddampfer bietet Flusstouren an, und sogar den Zaun, den Tom Sawyer im Roman streichen musste, kann man ehrfurchtsvoll bestaunen.

In einem kleinen weißen Holzhaus wuchs Mark Twain auf, heute kann es als *Mark Twain Boyhood Home* besichtigt werden. Zwei Straßen weiter illustriert ein zugehöriges Museum seine Jugendtage um 1850. *Im Sommer tgl. 8–18, sonst Mo–Sa 9–16, So 12–16 Uhr, Eintritt 6 $, 208 Hill St.* .

Für die Übernachtung bietet die *Garth Woodside Mansion* acht gemütliche Zimmer in einer viktorianischen Villa von 1871. Sie gehörte damals einem Freund von Mark Twain. *RR 3, Tel. 573/221 27 89, €-€€*

INDIANAPOLIS, IN

(**123/D 5**) Ein Ziel, das sich kein Autosportfan entgehen lassen wird: Auf dem *Indianapolis Motor Speedway* im Nordwesten der Stadt wird seit 1911 jeweils am letzten Sonntag im Mai das legendäre »Indy 500« gefahren, mit gut 500 000 Zuschauern das größte und berühmteste Autorennen Amerikas. Auch wenn nicht gerade Renntag ist, lohnt sich ein Besuch im angeschlossenen *Hall of Fame Museum*, von dem aus täglich Führungen über die Rennstrecke angeboten werden.

Doch auch ohne Ader für Autos verdient die Hauptstadt und mit 1,5 Mio. Einwohnern größte Stadt Indianas einen Tag Aufenthalt – zum Besuch einiger guter Museen, zu einem Bummel im historischen Bezirk *Lockerbie Square* oder zu einem Cappuccino in einem Straßencafé des schicken Boutiquenviertels *Broad Ripple* am Nordende der Innenstadt.

ZIEL IN DER UMGEBUNG

Conner Prairie (**119/D 5**)
Dieses große Freilichtmuseum nordöstlich von Indianapolis im Vorort *Fishers* zeigt anschaulich das Leben der ersten Siedler in Indiana. Ausstellungen über die Pionierzeit, im Sommer Konzerte des Indianapolis Symphony Orchestra. *Nur im Sommer Di–Sa 9.30–17, So 11–17 Uhr, Eintritt 10 $, 11601 Municipal Dr.*

LAKE GENEVA, WI

(**122/C 4**) Seit gut hundert Jahren sind die 2000 ha große See und der gleichnamige Ort beliebt als

Sommerfrische bei den Städtern aus dem nur zwei Autostunden entfernten Chicago. Alte Villen säumen die bewaldeten Ufer, zahlreiche sehr gute Golfplätze locken die Urlauber an. Vom Riviera Dock im Ort legen die Boote der *Geneva Lake Cruise Line (Tel. 414/248 62 06)* ab zu Ausflugsfahrten um den See.

Eine weitläufige Ferienanlage, auch für Sportbegeisterte ist das *Grand Geneva Resort*. Mit Spa, Golf- und Tennisplätzen (*385 Zi., 7036 Grand Geneva Way., Tel. 414/248 88 11, Fax 249 47 63, €€-€€€*).

MACKINAC ISLAND, MI

(123/E 1) ★ Michilimackinac – »große Schildkröte« – nannten die Ojibwa-Indianer das felsige Eiland, das wie ein Wachposten vor dem schmalen Eingang zum Lake Michigan sitzt. Diese strategische Lage war es, die im 18. und 19. Jh. Franzosen, Engländer und Amerikaner lange um den Besitz der nur fünf Kilometer langen Insel und um *Mackinaw City,* der befestigten Stadt am Südufer, streiten ließ.

Ende des 19. Jhs. wurde Mackinac Island dann zur Ferieninsel für den Geldadel Amerikas – mit einem filmreifen Grand Hotel und viktorianischen Villen mit Blick über den hübschen Hafen, wo heute die Fährschiffe der Tagesbesucher von Mackinaw City her anlegen. Man pflegt den Great-Gatsby-Charme auf der Insel und hat alle Autos verbannt – einzige Verkehrsmittel sind Fahrräder und Pferdedroschken. Auf Autofahrer wartet eine andere Attraktion: Eine der längsten Hängebrücken der Welt (2543 m zwischen den Kabelverankerungen – doppelt so lang wie die Golden Gate Bridge) spannt sich seit 1957 über die Seeenge.

MUSEEN

Colonial Michilimackinac
Hölzerne Palisaden, rot berockte Soldaten, Missionare und In-

Auf Mackinac Island sind nur Fahrräder und Pferdekutschen als Verkehrsmittel erlaubt

dianer – im alten Fort der Engländer ist alles wie einst. *Im Sommer tgl. 9–18 Uhr, Eintritt 7,50 $,
Mackinaw City*

Fort Mackinac

◁▷ Die mächtige steinerne Fes-
tung vom Anfang des 19. Jhs. erzählt die wechselvolle Militär-
geschichte der Großen Seen. *Im
Sommer tgl. 9–18 Uhr, Eintritt
7,50 $, Mackinac Island*

Mackinac Bridge Museum

Das kleine Museum erzählt vom
Bau der riesigen Hängebrücke.
*Im Sommer tgl. 9–18 Uhr, Eintritt
7,50 $, 231 E. Central Av., Mackinaw
City*

Mackinaw Tourist Bureau

*708 S. Huron Av., Mackinaw City,
MI 49 701, Tel. 616/436 56 64*

MANITOWOC, WI

(**122/C 3**) Von Manitowoc, der
»Heimat des großen Geistes«,
setzt die einzige Fähre über den
Lake Michigan. Die rund vier-
stündige Fahrt mit der *S. S. Badger*
nach Ludington sollte zur Hoch-
saison vorab reserviert werden
*(Tel. 888/643 37 79, gebührenfrei in
den USA).*

Das *Wisconsin Maritime Museum* ist direkt am Hafen gelegen
und dokumentiert die Ge-
schichte der Schifffahrt auf den
Seen *(tgl. 9–18 Uhr, im Winter
Mo–Sa 9–17, So 11–17 Uhr, Eintritt
5 $, 75 Maritime Dr.).*

◁▷ Auch schön am Hafen
liegt das *Inn on Maritim Bay* mit
gutem Restaurant und Terrasse.
*(107 Zi., 101 Maritime Dr., Tel. 920/
682 70 00, Fax 682 70 13, €–€€).*

MICHIGAN CITY, IN

(**122/C 4**) Gigantische Industrean-
lagen stehen am Südufer des Lake
Michigan – darunter die fünf
größten Stahlkochereien Amerikas –, und doch findet sich hier,
eine knappe Fahrstunde östlich
von Chicago, auch ein Ferienort.
Michigan City (33 000 Ew.) ist
beliebt als Nahziel für die Chicagoer. Zum einen gibt es hier sehr
gute Einkaufsmöglichkeiten in
Discountmalls wie dem *Light-
house Place Outlet Center (6th/Wa-
bash St.),* vor allem aber kommen
die Großstädter wegen der *Indiana Dunes National Lakeshore,*
einem großen Erholungs- und
Naturschutzgebiet. Auf fast
30 km Länge erstrecken sich am
Seeufer Badestrände und hohe
Dünen aus Quarzsand, die nach
der Eiszeit von den Wellen an-
gehäuft wurden. Im *Dorothy
Buell Visitor Center* an der Ecke US
12/Kemil Rd. sind Karten erhältlich für die Wanderwege in den
Dünen, Mooren und Wäldchen,
in denen seltene Pflanzen und
sogar Kakteen wachsen.

MILWAUKEE, WI

(**122/C 3**) Beim Blick ins Telefon-
buch wird schnell klar, dass die
Metropole (1,8 Mio. Ew.) des
Bundesstaats Wisconsin zu Recht
als die Stadt der Deutschen in
Amerika gilt. Schon ab 1850
wanderten Tausende von Deutschen ins sehr europäisch anmu-
tende Wisconsin aus. Die meisten ließen sich hier am Westufer
des Lake Michigan nieder, wo an
der Mündung von drei Flüssen
ein guter Naturhafen am See zu
finden war. *Millioki* – Versamm-
lungsort am Wasser – hatten die

Indianer schon zuvor diesen Ort benannt.

Gegen Ende des 19. Jhs. war der weitaus größte Teil der Bürger deutscher Herkunft. Sechs deutsche Tageszeitungen hatte die Stadt damals – und 25 Brauereien mit berühmten Namen wie Miller, Papst oder Schlitz, die Milwaukee den Ruf als die Hochburg der Bierbrauer in Amerika eintrugen. Daneben entstanden aber bald auch große Werkzeugfabriken und Motorenwerke wie etwa die von Harley-Davidson, mit denen sich die Stadt einen weiteren Beinamen als die »Werkbank Amerikas« verdiente. Der Großraum Milwaukee gilt noch immer als Zentrum der Industrie – mehr als 2500 Betriebe sind in dieser Region ansässig

Das heutige Milwaukee ist amerikanisch geworden, mit dem Ersten Weltkrieg schwand der deutsche Einfluss, und von den großen Brauereien ist nur noch eine geblieben. Doch in zahlreichen deutschen Restaurants und bei großen Festivals wie etwa dem *German Fest* Ende Juli und dem *Oktoberfest* im Old Heidelberg Park ist noch viel teutonisches Flair zu spüren.

City
Um die Hauptstraßen *Wisconsin* und *Kilbourn Avenue* finden sich hier in buntem Nebeneinander moderne Shoppingkomplexe wie die *Grand Avenue Mall* und Altstadtstraßen wie die *Old World Third Street* mit deutschen Bäckereien und Metzgern. Besuchen Sie auf der Ostseite des Flusses das Restaurant- und Kneipen-

viertel um die *Water Street.* Es lohnt sich.

Harley Davidson Inc.
Fabrikbesuch für Motorradfans – gefertigt werden hier allerdings nur die Motoren. *Mo–Fr Führungen auf Anfrage, 3700 W. Juneau Av., Tel. 414/343 46 80*

Juneau Park
❀ Große Parkanlagen ziehen sich am Ufer des Lake Michigan hin. Besonders beliebt: der Juneau Park mit einer idyllischen Lagune und großen Yachthäfen. Auf der Klippe darüber stehen um die *Prospect Av.* die schönen alten Villen reicher Bierkönige aus der Zeit um 1900.

Turner Hall
⚐ Typisch für die deutsche Blütezeit ist der historische Ziegelbau des um 1900 politisch sehr aktiven Turnvereins von Milwaukee. Führungen auf Anfrage, Restaurant im Haus. *1034 N. 4th St., Tel. 414/272 17 33*

Milwaukee Art Museum
Südlich des Juneau Park verdient am Ufer des Sees dieses Museum einen Besuch, das von deutschen Expressionisten bis zu haitianischer Malerei eine breite Kunstpalette bietet. *Di, Mi, Fr, Sa 10-17, Do 12-21 So 12-17 Uhr, Eintritt 5 $, 750 N. Lincoln Memorial Dr.*

Brew City BBQ
❂ Rippchen mit legendärer Grillsoße, dazu Bier und buntes Treiben im Nightlife-Viertel. *1114 N. Water St., Tel. 414/278 70 33, €–€€*

EINKAUFEN

House of Harley

Alles, was das Herz des Harley-Fahrers wünscht – von der Hupe bis zur Lederjacke. *6221 W. Layton Av.*

HOTELS

Park East

Gutes Mittelklassehotel am Ostrand der Innenstadt. Von den oberen der 159 Zimmer schöner Blick über den See. *916 E. State St., Tel. 414/276 88 00, Fax 765 19 19, €-€€*

Pfister

1893 erbautes, stilvolles Grandhotel: reich verzierte Lobby, schmiedeeiserne Balkone, elegante Zimmer mit allem Komfort. *307 Zi., 424 E. Wisconsin Av., Tel. 414/273 82 22, Fax 273 07 47, €€€*

AUSKUNFT

Milwaukee Visitors Bureau

510 W. Kilbourn Av., Milwaukee, WI 53203, Tel. 414/273 72 22, Fax 273 55 96

ZIEL IN DER UMGEBUNG

Cedarburg (122/C 3)

Das hübsche historische Städtchen (10 000 Ew.), eine Fahrstunde nördlich von Milwaukee, ist ein beliebter Ausgangspunkt für Autorundfahrten und Radtouren im idyllischen Hügelland ringsum. Dies ist die Region der *Kettle Moraine,* einer lang gestreckten Moränenkette, die sich in der letzten Eiszeit gebildet hat. Ein *Scenic Drive* – besonders schön im farbenprächtigen Herbst –

folgt an kleinen Seen vorbei und durch historische Dörfer wie *Greenbush* den Höhen nach Norden.

OSHKOSH, WI

(122/C 3) Müttern und Vätern in aller Welt ist die Kleinstadt (55 000 Ew.) im grünen Herzen Wisconsins als Herkunftsort von schicker Kinderkleidung bekannt – günstiger als zu Hause zu erwerben in einer Discount-Mall am Nordende des Ortes. Für Flugzeugfans wartet Oshkosh mit einer anderen großen Attraktion auf: dem *EAA Air Adventure Museum (Mo–Sa 8.30–17, So 11–17 Uhr, 3000 Poberezmy Rd., Eintritt 7,50 $),* das fast 100 experimentelle und teils recht bizarre Fluggeräte zeigt. Jedes Jahr Ende Juli treffen sich hier Tausende von Piloten mit ihren oft selbst gebastelten Fluggeräten zum »International Fly-In«.

PETOSKEY, MI

(123/D 2) Schon zur Jahrhundertwende vom 19. zum 20. Jh. war der kleine Hafenort an der malerischen *Little Traverse Bay* ein bevorzugtes Ziel betuchter Sommerfrischler. Prachtvolle viktorianische Häuser und schöne Alleen im Vorort *Bay View* zeugen von dieser Zeit. Ebenfalls einen Besuch verdient das Bilderbuchstädtchen *Harbor Springs* auf der gegenüberliegenden Seite der Bucht.

Eine angenehme Unterkunft finden Sie im *Terrace Inn,* einem klassischen Ferienhotel aus der Zeit um 1900. *16 Zi., 1549 Glendale St., Tel. 616/347 24 10, Fax 347 24 07, €-€€*

ST. LOUIS, MO

(122/B 6) Die Stadt nahe dem Zusammenfluss von Missouri und Mississippi River war um 1850 das »Tor zum Westen« für Hunderttausende von Pionieren. Im 20. Jh. wurde St. Louis mit Brauereien, Auto- und Flugzeugwerken zu einer der wichtigen Industriestädte Amerikas und ist heute mit gut 2,5 Mio. Einwohnern die größte Stadt im ganzen Mississippi-Tal.

BESICHTIGUNGEN

City

Während der 80er-Jahre hat St. Louis begonnen, seine arg heruntergekommene Innenstadt um die *Market Street* zu restaurieren. So sind in die alten Lagerhäuser des historischen Viertels *Laclede's Landing* nun Boutiquen und Restaurants eingezogen, und an der Ecke Market/18th St. wurde die *Union Station* von 1894, einst Sprungbrett für die Siedler auf dem Weg nach Westen, prächtig renoviert. Am Westende der Downtown liegt der rund 500 ha große *Forest Park.* Hier ist neben dem ausgezeichneten *St. Louis Zoo* im einzigen verbliebenen Bau der Weltausstellung von 1904 das *St. Louis Art Museum* untergebracht (viele Werke deutscher Expressionisten).

Gateway Arch

Der 192 m hohe Stahlbogen am Mississippi ist das Wahrzeichen von St. Louis. Er wurde 1965 als Denkmal für die Westwärtswanderung der amerikanischen Pioniere errichtet. Museum im Fuß des Bogens. *Tgl. 8–22 Uhr, im Winter 9–18 Uhr, Eintritt 2 $, Aufzug 2,50 $, Riverfront Park*

HOTELS

Hyatt Regency Union Station

542 luxuriöse Zimmer im alten Bahnhof. *One St. Louis Union Station, Tel. 314/231 12 34, Fax 923 39 70, €€-€€€*

Regal Riverfront

Gutes Mittelklassehaus nahe dem Flussufer. Vom Drehres-

Die restaurierten Häuser in der City von St. Louis erinnern an die Pionierzeit

taurant im obersten Stock hat man einen schönen Blick. *780 Zi., 200 S. 4th St., Tel. 314/241 95 00, Fax 421 61 71, €€*

ZIELE IN DER UMGEBUNG

Cahokia Mounds, IL (**122/B 6**)
★ Rund 65 *mounds,* große, pyramidenförmige Erdhügel, zeugen am Ostufer des Mississippi bei Collinsville von der größten prähistorischen Kultur Nordamerikas, die hier zwischen 700 und 1500 n. Chr. florierte. Rund 20 000 Indianer lebten damals in Cahokia. Die *mounds* – heute von der Unesco zum Weltkulturerbe erklärt – dienten ihnen als Grabstätten und Plattformen für Tempel. Der größte erhaltene Hügel, *Monks Mound,* bedeckt fast sechs Hektar Fläche und erreicht in vier Stufen eine Höhe von 30 m. Sehr gutes Ausstellungszentrum über die Lebensweise der Mississippian-Indianer, Lehrpfade zu den *mounds. Tgl. 9–17 Uhr, Eintritt frei, Collinsville Rd.*

SOUTH BEND, IN

(**123/D 4**) Knapp zwei Stunden Fahrt östlich von Chicago liegt South Bend (105 000 Ew.) inmitten des fruchtbaren Farmlandes von Indiana. Bekannt ist der Ort in den USA vor allem für seine hervorragende *University of Notre Dame* mit weitläufigem Campus *(Führungen Mo–Fr).* Doch die Stadt ist auch die Heimat eines amerikanischen Mythos: der Studebaker-Autos. Die Familie Studebaker hatte zunächst Conestoga-Wagen für den Zug der Pioniere nach Westen gebaut, später dann die legendären Kultautos.

Ein Traum für alle Chromfans ist das *Studebaker National Museum*: sämtliche Studebaker-Modelle von den 20er-Jahren bis zur Schließung der Firma 1966 sind zu sehen (*tgl. 9–17, So ab 12 Uhr, Eintritt 4,50 $, 525 S. Main St.).*

ZIEL IN DER UMGEBUNG

Amish Country (**123/D 4**)
★ Östlich von South Bend liegt die altmodische, heile Welt der Amish, streng gläubiger, mennonitischer Bauern, die jegliche moderne Technik ablehnen und strikt pazifistisch leben. Wie ihre Vorfahren, Einwanderer aus der Schweiz und Deutschland, bestellen sie ihre Äcker mit Zugpferden und kleiden sich in bescheidenem Schwarz. Oft sieht man sie in ihren einfachen Pferdekutschen am Rand der Highways fahren.

Im Visitors Center von *Elkhart (219 Caravan Dr., Tel. 219/ 262 81 61)* erhalten Sie eine Broschüre, die den Weg zu den wichtigsten Dörfern im Amish Country weist: nach *Nappanee,* wo im Museumsdorf *Amish Acres (tgl. 10–18 Uhr)* eine gut hundert Jahre alte Farm zu besichtigen ist, und nach *Shipshewana (Di, Mi Flohmarkt, Fr Pferdeauktion),* wo an der Route 5 das Kulturzentrum *Menno-Hof (Mo–Sa 10–17 Uhr)* sehr einfühlsam die Religion und die Wanderungen der Amish dokumentiert.

SPRINGFIELD, IL

(**122/B 5**) Die nur etwa 100 000 Einwohner zählende Hauptstadt des Staates Illinois an der historischen *Route 66* ist vor allem bekannt als Wohnort von Abraham Lincoln, der als Präsident der USA die Sklaverei abschaffte. Zu besuchen sind sein Haus in der *Lincoln Home National Historic Site (tgl. 8.30-17 Uhr, Eintritt frei, 8th/Jackson St.)* und im *Oak Ridge Cemetery* das Mausoleum, in dem er begraben liegt. Das Museumsdorf *Lincoln's New Salem (tgl. 9-17 Uhr, Eintritt frei)* im Vorort Petersburg veranschaulicht mit alten Blockhütten die Pionierzeit, zu der Lincoln hier lebte. Ebenfalls sehr sehenswert: das 1904 von Frank Lloyd Wright erbaute *Dana-Thomas House (Mi-So 9-17 Uhr, Eintritt frei, 301 E. Lawrence St.),* mit seinem Originalmobiliar eines der besten Beispiele für den Präriestil des berühmten Architekten.

SPRING GREEN, WI

(122/B3) Kaum jemand hätte je von diesem winzigen Farmort im Westen Wisconsins gehört, wäre da nicht Frank Lloyd Wright, der hier fast 50 Jahre lang lebte und wirkte. So wurde Spring Green zum Pilgerziel für Architekturfreunde aus aller Welt, die Wrights Privathaus und Studio aus nächster Nähe betrachten wollen.

BESICHTIGUNG

Taliesin
★ Verstreut in einer 250 ha großen Parkanlage liegen hier Wrights Privathaus, Studio und seine Architekturschule, alle in Gebäuden, die der Meister selbst zwischen 1902 und 1953 entwarf. *Tgl. Führungen, Reservierung empfehlenswert, Tel. 608/588 79 00, SR 23, 5 km südlich von Spring Green*

ZIEL IN DER UMGEBUNG

House on the Rocks (122/B3)
★ Der verwinkelte Hauskomplex hoch auf einer Klippe birgt schier unüberschaubare, skurrile Ausstellungen: historische Zirkusorgeln und Puppenstuben,

Wo Architekten ihren Meister suchen: das Privathaus des berühmten Baumeisters Frank Lloyd.Wright in Spring Green

Route 66: Highway der Sehnsucht

»Get your kicks on Route 66…«, sang einst der legendäre Nat King Cole und brachte das Reisegefühl der 50er-Jahre auf den Punkt. Er sang von der legendären *Mother Road,* der in den 20er-Jahren angelegten ersten Straße in den Westen Amerikas. 3600 km Highway von Chicago nach L. A. Auf der Route 66 zogen in den 30er-Jahren die verarmten Farmer aus Oklahoma westwärts ins gelobte Land Kalifornien, in den 50er-Jahren reisten auf ihr die ersten Touristen zum Grand Canyon. Noch heute sind – gut ausgeschildert – am Anfang der Route in Illinois einige nostalgische Teilstücke parallel zur modernen Autobahn I-55 erhalten. Die schönsten liegen um Wilmington und Dwight im Norden sowie südlich von Springfield um Litchfield, Mount Olive und Staunton. Und auch einige altmodische Relikte der Route 66 blieben noch erhalten: etwa die alte Tankstelle von *Shea's* (2075 Peoria Rd.) und der klassische Diner *Cozy Drive-In* (2935 S. 6th St.) in Springfield.

gigantische Musikautomaten und Ritterrüstungen, chinesische Jadearbeiten und das größte Karussell der Welt. Ein faszinierendes Stück Amerika. *Im Sommer tgl. 10–20 Uhr, Eintritt 14,70 $, SR 23, 15 km südlich von Spring Green*

TRAVERSE CITY, MI

(**123/D 2**) Bunter Rummel an langen Stränden, Fastfoodlokale und Motels bestimmen im Sommer das Bild der Ferienstadt (15 000 Ew.) am Südufer der Grand Traverse Bay. Ruhiger und idyllischer wird es außerhalb des Ortes bei Auto- oder Radtouren auf den ✿ Panoramastraßen entlang des Lake Michigan: Die SR 37 führt durch Kirschplantagen und Weingärten auf die *Old Mission Peninsula* mit einer indianischen Missionskirche und einem alten Leuchtturm an der Spitze. Die SR 22 erschließt die *Leelanau Peninsula,* ebenfalls mit einem Leuchtturm von 1858, der heute ein Museum birgt.

ZIEL IN DER UMGEBUNG

Sleeping Bear Dunes (**123/D 2**)
★ Eines der eindrucksvollsten Naturwunder an den Großen Seen: Auf gut 30 km Länge ziehen sich am Ufer des Lake Michigan gewaltige Wanderdünen hin, die die Westwinde aus dem von den Gletschern zurückgelassenen Sand aufgetürmt haben. Ihren Namen erhielten die Sandberge nach einer indianischen Sage: Sie erzählt von einer Bärin, die mit ihren beiden Jungen vor einem Waldbrand in den See floh. Die Jungen ertranken, und seither liegt die wartende Bärin als riesige Düne am Ufer des Lake Michigan. Bis zu 140 m hoch sind die Dünen, zwischen denen der 13 km lange ✿ *Pierce Stocking Scenic Drive* im Südteil des Naturschutzgebietes hindurchführt. Schön für einen Tagesausflug aufs Wasser: die Bootsfahrt vom hübschen Fischerort *Leland* zu den *Manitou Islands,* zwei Wildnisinseln vor der Küste.

Zu Fuß durch Chicago

Die hier beschriebenen Spaziergänge sind in der Übersichtskarte auf dem hinteren Umschlag und im Cityatlas ab Seite 114 grün markiert

① BLICK NACH OBEN: WOLKENKRATZER IM UND UM DEN LOOP

Hans-guck-in-die-Luft geht durch Chicago. Bei dieser Tour wandert der Blick ständig nach oben, zu den Spitzen der legendären Wolkenkratzer, die in der Windy City sozusagen erfunden wurden und die von der architektonischen Entwicklung der Stadt erzählen (Dauer: ca. 4 Std.).

Vom nostalgischen Skyscraper bis zum futuristischen Glaskasten – dieser Spaziergang führt durch hundert Jahre Wolkenkratzerarchitektur. Weltberühmte Architekten wie Frank Lloyd Wright, Ludwig Mies van der Rohe und Helmut Jahn haben der Stadt ihren unverwechselbaren Stempel aufgedrückt, vom Ende des 19. Jhs. bis ins neue Jahrtausend hinein. Startpunkt ist die Michigan Avenue Bridge, ein idealer Treffpunkt am Chicago River. Über die Michigan Avenue geht es nach Süden zum *Carbide and Carbon Building (S. 27),* das wirkt, als würde es aus einem schwarzen Sockel wachsen. Zweifellos eines der schönsten Gebäude der Stadt. Die grüne Terrakottaverkleidung hat viel von ihrem Glanz verloren, aber an der Spitze funkeln immer noch verspielte Ornamente aus Blattgold. Der Spaziergang führt weiter über die Lake Street und an der östlichen Grenze des Loop entlang. Die Michigan Avenue, von den Böen der Windy City sauber gefegt, liegt wie eine prächtige Allee zwischen Grant Park und Loop. Rechts rattert die legendäre El über die hochgelegten Schienen. Zwischen Randolph und Washington Street liegt das *Chicago Cultural Center,* ein Zentrum für Ausstellungen und Konzerte, das 1897 erbaut wurde und mit seiner Grandezza an die Paläste in Florenz und Venedig erinnern soll. Folgen Sie nun der Madison Street nach Westen, gehen unter der lärmenden El hindurch und in den Loop, das geschäftige Zentrum der Stadt. Auf der State Street, der legendären Geschäftsstraße der Windy City, geht es nach Süden. Der Versuch, diese einstige Verkehrsader in eine Fußgängerzone zu verwandeln, misslang gründlich, und seit einigen Jahren rollen wieder Autos über die State

Street. So aber kommt das Großstadtfeeling auch besser an. In Chicago ist fast immer Rushhour. Zwischen Madison und Monroe Street gehört der Wolkenkratzer des *Carson Pirie Scott and Company Store* zu den mutigsten Gebäuden des eigenwilligen Architekten Louis H. Sullivan, der die Höhe des Hauses durch dynamische Ornamente und schlanke Säulen im Innern unterstrich. Danach biegen Sie rechts in die Van Buren Street, gehen vorbei an der Chicago Public Library zum *Monadnock Building (S. 28 f.),* das zwischen der Van Buren und der Jackson an der Dearborn Street wartet. Es gilt als Paradebeispiel für die Chicago School of Architecture. Alle Formen und Ornamente sollen die Funktion eines Gebäudes unterstreichen, lautete das Credo der damaligen Architekten, und das ist bei diesem nüchternen Backsteingebäude von 1891 auf perfekte Weise gelungen. Über die Jackson Street geht es zur LaSalle Street und zum *Chicago Board of Trade (S. 27),* dem schönsten Wolkenkratzer aus der Art-déco-Ära. Am Wacker Drive ragen die schwarzen Quader des *Sears Tower (S. 15)* in die Wolken, bis vor einigen Jahren noch das höchste Gebäude der Welt. Wer mag, tut sich nun bei *Mrs. Levy's (S. 49)* an ein paar Schleckereien gütlich. Danach führt Sie der Spaziergang über die Adams Street nach Osten zurück. Kurz vor der Clark Street geht es ins *Rookery Building (S. 29),* das mit einer prächtigen Lobby aus Marmor beeindruckt. Sie wurde von Frank Lloyd Wright zu Beginn des 20. Jhs. entworfen. Folgen Sie der Clark Street nach Norden und

ruhen Sie sich auf der First National Plaza in der Sonne aus (natürlich nur, wenn das Wetter mitspielt). Stühle sind reichlich vorhanden. Hier können Sie sich auch einen Hot Dog schmecken lassen – so wie die vielen Büroangestellten, die hier ihre Mittagspause verbringen. Bevor es in die Randolph Street nach Osten geht, besuchen Sie auf jeden Fall das futuristische *James R. Thompson Center (S. 28)* des deutschen Architekten Helmut Jahn, das in seiner kühnen Glas- und Stahlkonstruktion eher an ein Raumschiff erinnert.

Der Spaziergang führt weiter in die State Street, dann rechts in die Lake Street und über die Wabash und South Street zur Michigan Av. zurück. Jenseits der Brücke gehört das 1924 erbaute *Wrigley Building (S. 13)* zu den bekanntesten Wolkenkratzern der Stadt. Gegenüber bildet der *Wolkenkratzer der Chicago Tribune (S. 27 f.)* den Endpunkt des langen Spaziergangs. Genug der Architektur. Stürzen Sie sich nun hinein ins Shoppingparadies der North Michigan Avenue, das vom schwarzen Turm des *John Hancock Center (S. 14 f.)* überragt wird.

② HÄUSER DER OBEREN ZEHNTAUSEND: DIE GOLD-COAST-TOUR

Die Goldene Küste bekam ihren Namen in der Zeit nach dem großen Feuer (1871), als wohlhabende Bürger prächtige Villen vor allem an der North Astor Street errichteten. Die Goethe Street und die Schiller Street erinnern an die deutschen Einwanderer, die sich hier niederließen. Dauer des Spaziergangs: ca. 3 Std.

Der Spaziergang beginnt am Oak Street Beach, dem populären und schicken Strand zwischen Lake Shore Drive und Lake Michigan. Auch unter der Woche bevölkern Radfahrer und Inlineskater die asphaltierten Wege, der Sand wird an schönen Tagen zum Tummelplatz für sonnenhungrige Stadturlauber, die im See ein Bad nehmen.

Durch die Unterführung, über der der North Lake Shore Drive verläuft, erreichen Sie die Division Street. Biegen Sie kurz darauf nach rechts in die North Astor Street ein, an der die meisten Prachthäuser der ehemaligen Oberen Zehntausend liegen. An der Kreuzung Astor/Goethe Street warten gleich mehrere vornehme Adressen: *1316* und *1322 N. Astor* wurden um 1930 von Philip B. Maher gebaut, geradezu zwei Paradebeispiele für den modernen und sachlichen Stil nach dem Ersten Weltkrieg. Die *James L. Houghteling Houses (1308* und *1312 N. Astor)* wurden 1888 fertig gestellt und gehören zu den schönsten Town Houses dieser Zeit.

Von Goethe zu Schiller: An der Kreuzung Astor/Schiller Street und nördlich davon liegen das *Charnley-Persky House (1365 N. Astor),* das von Frank Lloyd Wright und anderen Architekten 1892 entworfen wurde und als erstes modernes Haus von Amerika bezeichnet wird. Nur spärlich dekoriert, besitzt es ein in der Mitte liegendes, lichtdurchflutetes Treppenhaus. Das *Joseph T. Ryerson House (1406 N. Astor)* wurde 1922 von David Adler erbaut. *1444 N. Astor* erinnert an die Art-déco-Wolkenkratzer der Innenstadt, und das *Tudor House (1451 N. Astor)* fällt mit seinen schmalen Fenstern ins Auge. Am East Burton Place führt der Weg nach links, vorbei am *Patterson-McCormick Mansion (20 E. Burton),* einem italienischen Palazzo, der auch in Venedig stehen könnte und ein Geburtstagsgeschenk für die Tochter des Verlegers der Chicago Tribune war.

Weiter geht der Spaziergang über die North State Street nach Norden zum North Boulevard, wo der Sitz des römisch-katholischen Erzbischofs, ein rotes Backsteinhaus, an das alte England erinnert. Die *Chicago Historical Society,* in einem großen Gebäude am Lincoln Park untergebracht, lohnt einen Besuch, allerdings sollten Sie eine Extrastunde dafür einplanen, wenn Sie sich für die Geschichte der Stadt interessieren. Erholung ist auf der North Wells Street angesagt, die zwei Blocks weiter nach Süden abzweigt. Sie führt durch *Old Town (S. 24),* eines der Vergnügungsviertel der Stadt, und lockt mit Restaurants, Straßencafés und Shops. Über die East Goethe, North Astor und East Division Street geht es zum Strand zurück.

③ KUNST UNTER FREIEM HIMMEL: DIE LOOP-SCULPTURE-TOUR

Wie in einem riesigen Freilichtmuseum sind die Skulpturen weltberühmter Künstler auf den Loop verteilt. Ein Spaziergang durch dieses Open-Air-Museum kostet keinen Cent und führt den Betrachter durch die belebte Innenstadt der Windy City (Dauer: 2 Std.).

Dieser Rundgang beginnt im Loop an der Ecke Dearborn und

Jackson Street, an der U-Bahn-Station Jackson der Linien Red und Blue, inmitten des geschäftigen Treibens auf den belebtesten Straßen der Riesenstadt. Nicht gerade der Rahmen, den man aus einem Kunstmuseum gewohnt ist. Aber warum soll Kunst nicht dort ausgestellt werden, wo sie für möglichst viele Menschen am sichtbarsten ist? In der City von Chicago wurde es möglich gemacht. Wer dem U-Bahnhof entstiegen ist, sieht sich vier Skulpturen gegenüber: »The Town-Ho's Story« von Frank Stella, »Ruins III« von Nita K. Sutherland, »Lines in Four Directions« von Sol Lewitt und eine der schönsten Plastiken im Loop: der orangefarbene »Flamingo« von Alexander Calder vor dem Federal Center, eine elegante Stahlkonstruktion mit kühnen Schwingen, die den Künstler an einen Flamingo erinnerte. Niemand stört sich daran, dass Kinder unter der Skulptur spielen.

Über die Clark Street geht es nach Süden und über die Van Buren Street nach Westen. Zwischen LaSalle und Sherman Street steht »San Marco II«, 1986 von Ludovico de Luigi geschaffen. Nach rechts folgen Sie dem Wacker Drive bis zur Adams Street. »Gem of the Lakes« wurde 1990 von Raymond Kaskey gestaltet. In der Lobby des *Sears Tower (S. 15)* steht eine zweite Plastik von Alexander Calder: »The Universe«. Über die Adams Street gehen Sie nun nach Osten und über die Wells Street nach Norden. Zwischen Monroe und Madison Street ist Frank Stella mit »Loomings« und »Knights and Squires« vertreten, zwischen Madison und Washington Street

steht »Down Shadows« von Louise Nevelson. Die Skulpturen ragen wie selbstverständlich aus der steinernen Wüste und wirken wie phantasievolle Farbtupfer in einer Landschaft aus Wolkenkratzern und gläsernen Palästen.

Über die Randolph Street geht es nach Osten. An der North LaSalle Street erhebt sich die erfindungsreiche »Freeform« von Richard Hunt, und der »Flight of Daedalus and Ikarus« symbolisiert die ersten Flugversuche der Menschen. Roger Brown schuf diese Skulptur. »The Monument with Standing Beast«, eine Plastik von Jean Dubuffet, die 1985 zu seinem 84. Geburtstag enthüllt wurde, versucht mit dem auffälligen *James R. Thompson Center (S. 28)* von Helmut Jahn zu konkurrieren. Im Daley Center in der Dearborn Street tagen etliche Gerichte, aber der vollen Aufmerksamkeit der Besucher darf sich vor allem die Plastik von Pablo Picasso erfreuen. Seit 1967 steht die 160-Tonnen-Skulptur an dieser Stelle, ein abstraktes Wesen, teils Frau, teils Schmetterling, teils Raubtier, von den Chicagoern eher geduldet als geliebt. Von der Dearborn gehen Sie in die Washington Street, zu »Miró's Chicago«, einer abstrakten Frau mit ausgestreckten Armen, die 1981 an Mirós 88. Geburtstag enthüllt wurde. Das letzte Kunstwerk in dem »Museum ohne Wände« ist das 13 m breite Mosaik »Die vier Jahreszeiten«, das Marc Chagall 1975 schuf und einer seiner Lieblingsstädte zum Geschenk machte. Hier, vor der belebten First National Plaza, endet dieser Rundgang durch den Loop.

Von Anreise bis Zoll

Hier finden Sie kurz gefasst die wichtigsten Adressen und Informationen für Ihre Chicagoreise

ANREISE

 Internationale Flüge enden auf dem O'Hare International Airport, der ungefähr 25 km nordwestlich der Innenstadt liegt. Die Blue Line der El (tagsüber alle 10, abends alle 30 Min., Dauer: 45 Min., 1,50 $) verbindet den Flughafen mit der City. Eine Taxifahrt kostet ca. 25–30 $, die Taxis werden von Angestellten der Taxifirma zugewiesen. Sie können das Taxi auch mit anderen Fahrgästen teilen, dann wird es billiger *(shared ride)*. Der Airport Express bringt Sie für ca. 15 $ ins Stadtzentrum (tgl. 5 bis 22.30 Uhr). Inlandflüge enden auf dem kleineren Midway Airport, der ca. 16 km südwestlich der Stadt liegt. Verbindungen: Orange Line der El (alle 6–15 Min.), Taxi (15–20 $, bzw. 10 $ bei einem *shared ride*), Zubringerbus (etwa 11 $, tgl. 5.15–22.30 Uhr).

Bahnfahren ist in den USA sehr teuer.Wer dennoch auf die Züge von Amtrak schwört, kommt in Chicago in der Union Station (210 S. Canal) zwischen Adams und Jackson Street an. *Amtrak, Tel. 1-800-USA-Rail*

Greyhound unterhält ein weit verzweigtes Netz in den USA. Bus Station: 630 W. Harrison St., *Info: Tel. 1–800–231–2222*

 Fünf Interstates verbinden Chicago mit der Umgebung und anderen Städten. In der Stadt sollten Sie den Mietwagen in der Garage lassen.

AUSKUNFT

Vor der Reise:
Illinois Bureau of Tourism
Scheidswaldstr. 73, 60385 Frankfurt/Main, Tel. 069/44 33 53, Fax 43 96 31, www.wiechmann.de

In Chicago:
Chicago Office of Tourism
Chicago Cultural Center, 78 E. Washington St., Chicago, IL 60602, Tel. 312/744 24 00, Fax 744 23 59

Visitor Centre
77 E. Randolph St., Mo–Fr 10–18 Uhr, Sa 10–17 Uhr, So 12–17 Uhr

Historic Water Tower
Visitor Welcome Center
Chicago Av. und Michigan Av., Sommer: Mo–Fr 9.30–19, Sa 10–18, So 11–17 Uhr, Winter: bis 18 Uhr

Illinois Market Place
Visitor Information Center
Navy Pier, 700 E. Grand Av., Chicago, Mo–Do 10–20, Fr, Sa 10–23, So 10–19 Uhr

BANKEN, GELD, KREDITKARTEN

Währung ist der amerikanische Dollar (= 100 Cents). Münzen gibt es zu 1 Cent *(penny)*, 5 Cents *(nickel)*, 10 Cents *(dime)*, 25 Cents *(quarter)* und seltener auch zu 50 Cents und 1 Dollar. Als Banknoten *(bills)* sind Scheine zu 1, 2, 5, 10, 20, 50 und 100 Dollar im Umlauf. Alle Scheine haben dieselbe Größe und Farbe und sind schwer auseinander zu halten.

Möglichst zu Hause Geld wechseln, einen Teil in US-Dollar-Reiseschecks, die fast überall wie Bargeld akzeptiert werden. Eurocheques werden nirgends akzeptiert.

Für eine Reise in die USA unbedingt zu empfehlen ist eine Kreditkarte, möglichst von Mastercard/Eurocard oder Visa. Im Hotel oder beim Mieten eines Autos ist der Besitz einer Kreditkarte fast unerlässlich.

Sowohl mit der Kreditkarte wie auch mit der Eurochequekarte kann man an Geldautomaten *(teller machine)* amerikanische Dollar abheben. Dabei ist die Abhebung per EC-Karte günstiger als die mit der Kreditkarte.

Öffnungszeiten der Banken: Mo–Fr 9–15 oder 16 Uhr. Wechselstuben: Rush St. Currency Exchange, 12 E. Walton St.; World's Money Exchange, E. Randolph St., Suite 204

DIPLOMATISCHE VERTRETUNG

Deutsches Generalkonsulat
676 N. Michigan Av., Chicago, Suite 3200, Tel. 312/580 11 99, Fax 580 00 99

Österreichisches Generalkonsulat
400 N. Michigan Av., Chicago, Suite 707, Tel. 312/222 15 15, Fax 222 41 13

Schweizer Generalkonsulat
737 N. Michigan Av., Chicago, Suite 2301, Tel. 312/915 00 61, Fax 915 03 88

Bei einem Aufenthalt bis zu 90 Tagen reicht ein Reisepass (mindestens noch ein halbes Jahr gültig), ein Besuchervisum ist nicht notwendig. Es genügt ein ausgefülltes Formular des *Pilot Waver Program,* das bereits im Flugzeug verteilt wird.

GESUNDHEIT

Vor der Reise empfiehlt sich der Abschluss einer privaten Reisekrankenversicherung. Es besteht kein Versicherungsabkommen zwischen Deutschland, Österreich, der Schweiz und den USA, und Sie müssen Ihre Rechnung sofort begleichen (oder vorschießen, wenn Sie privat versichert sind). Das geht auch mit Kreditkarte.
Wenden Sie sich im Krankheitsfall an die Ambulanz eines Krankenhauses. Beste Empfehlung in Chicago: *Northwestern Memorial Hospital, Streeterville, Tel. 312/ 908 20 00*

INTERNET

Informationen über Sehenswürdigkeiten, Hotels, Restaurants können Sie unter folgenden Internetadressen abrufen:
www.city.net
www.sidewalk.chicago.com
www.chicago.digitalcity.com
www.wiechmann.de

NOTRUF

Bei Unfällen oder in Notsituationen *911* anrufen! Über diese gebührenfreie Nummer erreichen Sie Polizei, Feuerwehr und Ambulanz.

ÖFFENTLICHE VERKEHRSMITTEL

Anders als die meisten anderen amerikanischen Städte verfügt Chicago über ein erstklassiges öffentliches Verkehrssystem. Die Busse und Bahnen (El-Hochbahn und U-Bahn) der *Chicago Transit Authority (CTA)* bilden ein dichtes Netz. Die einfache Fahrt kostet 1,50 $, für einen Transfer (Umsteigeticket) kommen 30 Cents hinzu. An Automaten werden aufladbare Magnetkarten ausgegeben. Am preiswertesten fahren Besucher mit 1-, 2-, oder 3-Visitor Passes, die es an einigen Stationen und in den Visitors Service Centers gibt.
Bei Verkehrsverbindungsangaben, die in diesem Band mit Querstrich getrennt werden, handelt es sich bei der zweiten Angabe um den Ausgang der Haltestelle (z.B. Chicago/State), nicht um alternative Stationen.

POST

Öffnungszeiten der Postämter: *Mo–Fr 8–18 Uhr, Sa 8–12 Uhr;* Hauptpost: *433 W. Harrison St., südlich vom Loop*

SPORT

Angeln
Im Lake Michigan kann man Lachse und Forellen fangen. Eine Lizenz erhält man in Angelgeschäften. Ab Burnham Park Harbor (**119/E-F5**) werden auch Bootstouren angeboten.

Baden
Es gibt im Stadtgebiet von Chicago mehr als 30 öffentlich zugängliche Badestrände mit einer Länge von etwa 24 km. Die meis-

ten werden im Sommer von 9–21.30 Uhr von Life Guards bewacht. Da der Lake Michigan auch als Trinkwasserreservoir für die Stadt dient, ist die Wasserqualität sehr gut.

Radeln/Joggen/Inlineskating

Ein rund 30 km langer, asphaltierter Bike Way (den aber auch Spaziergänger benutzen dürfen) führt am Seeufer entlang. Außerdem gibt es viele ausgeschilderte Wege in den weitläufigen Parks. *Info: Chicagoland Bicycle Federation, 417 S. Dearborn St., Tel. 312/ 427 33 25*

Wassersport

Segelbootvermietung: *Rainbow Fleet, Burnham Park, Tel. 312/7477684*; Kanuvermietung: *Chicagoland Canoe Base, Tel. 773/777 14 89*

STEUERN

In Chicago wird eine *sales tax* (Verkaufssteuer) von 8,75 Prozent auf den ausgezeichneten Preis aufgeschlagen. In den Restaurants liegt sie bei 9,75 Prozent. Die Hotel Room Tax beträgt stolze 14,9 Prozent.

STROM

Die Netzspannung beträgt in den USA lediglich 110 Volt. Für Steckdosen brauchen Sie einen Adapter, der in Kaufhäusern erhältlich ist.

TAXI

Taxis kosten weniger als in den meisten europäischen Städten, sind aber nicht einheitlich gekennzeichnet. Einige Firmen:

Yellow Cab, Tel. 312/TAXI-CAB; Flash Cab, Tel. 773/561 14 44; Checker Cab, Tel. 312/CHECKER

TELEFON

Von den USA nach Deutschland: 011–49 (dann Vorwahl ohne 0 und die Teilnehmernummer); nach Österreich: 011–43; in die Schweiz: 011–41; Vorwahl in die USA: 001. Ortsgespräche kosten 35 Cents. Nummern, die mit 1-800 oder 1-888 beginnen, sind gebührenfrei. Telefonnummern in den USA bestehen aus einer dreistelligen Vorwahl *(area code)* und der siebenstelligen Nummer. Bei Ortsgesprächen lässt man die Vorwahl weg. Bei Problemen hilft der *Operator, Tel. 0.*

TICKETS

Karten für die meisten Vorstellungen und Veranstaltungen in Chicago können Sie mit Ihrer Kreditkarte telefonisch bestellen bei *Ticketmaster, Tel. 312/559 12 12, www.ticketmaster.com,* oder bei *Ticket Exchange, Tel. 1800-666-07 79.* Am Tag der Veranstaltung gibt es Tickets zum halben Preis bei den *Hot Tix Ticket Centers, Tel. 312/ 977 17 55.* Sie müssen persönlich bei einer der zahlreichen Filialen abgeholt werden, z.B. *108 N. State St., Historic Water Tower Visitor Information Center, Bloomingdale's.*

TRINKGELD

In Restaurants und Taxis gibt man 15–20 Prozent der Rechnungssumme, ein Gepäckträger bekommt einen Dollar pro Koffer, für den Zimmerservice gibt man ungefähr einen Dollar pro Übernachtung. Jede Dienstleistung sollte mit einem »Tip« belohnt werden.

ZEITUNGEN

Ernsthafte Berichterstattung liefert die *Chicago Tribune*. Die *Chicago Sun-Times* ist ein besseres Boulevardblatt. Überregional bietet sich *USA Today* an. Europäische Publikationen finden Sie am Flughafen und in Spezialshops. Über aktuelle Veranstaltungen in Chicago und Umgebung informieren die beiden kostenlosen Publikationen *Chicago Official Visitor Guide*

und *Key This Week*, erhältlich in den Tourist Information Centers.

ZOLL

Einreise in die USA: Erlaubt sind eine Gallone (ca. 3,6 l) Alkohol, 200 Zigaretten oder 100 Zigarillos oder 50 Zigarren oder 500 g Tabak und Geschenke bis 100 $. Einreise in die EU: 1 l Alkohol (über 22 Prozent) und 2 l Wein, 200 Zigaretten oder 100 Zigarillos oder 50 Zigarren oder 250 g Tabak, 50 ml Parfum und Geschenke bis etwa 175 Euro.

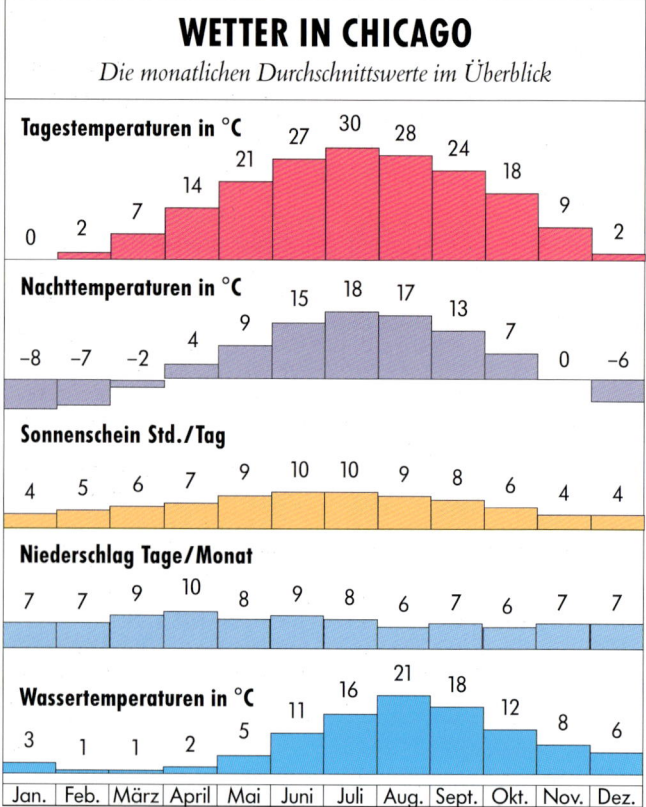

WETTER IN CHICAGO
Die monatlichen Durchschnittswerte im Überblick

Tagestemperaturen in °C

Jan.	Feb.	März	April	Mai	Juni	Juli	Aug.	Sept.	Okt.	Nov.	Dez.
0	2	7	14	21	27	30	28	24	18	9	2

Nachttemperaturen in °C

Jan.	Feb.	März	April	Mai	Juni	Juli	Aug.	Sept.	Okt.	Nov.	Dez.
–8	–7	–2	4	9	15	18	17	13	7	0	–6

Sonnenschein Std./Tag

Jan.	Feb.	März	April	Mai	Juni	Juli	Aug.	Sept.	Okt.	Nov.	Dez.
4	5	6	7	9	10	10	9	8	6	4	4

Niederschlag Tage/Monat

Jan.	Feb.	März	April	Mai	Juni	Juli	Aug.	Sept.	Okt.	Nov.	Dez.
7	7	9	10	8	9	8	6	7	6	7	7

Wassertemperaturen in °C

Jan.	Feb.	März	April	Mai	Juni	Juli	Aug.	Sept.	Okt.	Nov.	Dez.
3	1	1	2	5	11	16	21	18	12	8	6

Bloß nicht!

Auch in Chicago kann man böse Überraschungen erleben:
Touristenfallen, Fauxpas und wie Sie sie vermeiden

Oben ohne baden

Der Oak Street Beach am nördlichen Ende der Magnificent Mile und der North Avenue Beach sechs Blocks weiter nördlich gehören zu den beliebtesten Stränden am Lake Michigan. Aber auch wenn Chicago eine recht aufgeklärte Stadt ist: Baden Sie niemals oben ohne. Was in Europa erlaubt ist oder zumindest stillschweigend geduldet wird, ist im puritanischen Amerika noch lange nicht selbstverständlich. Sie wandern deshalb zwar nicht ins Gefängnis, fangen sich aber zumindest neugierige bis missbilligende Blicke ein. Empfindliche Bürger rufen gar die Polizei.

Respektlos gegen die Polizei

Amerikanische Polizisten verstehen keinen Spaß und gehen wesentlich rücksichtsloser als ihre Kollegen in Europa vor, wenn sie einem Verdächtigen auf der Spur sind. Amerikaner wissen das, bleiben im Auto sitzen und lassen die Hände auf dem Lenkrad liegen, wenn sie angehalten werden. Auch dann, wenn sie nichts ausgefressen haben. Machen Sie es genauso. Auf der anderen Seite sind die Cops auch freundlich, wenn sie nach dem Weg gefragt werden, und sie helfen, wenn Sie mit einer Panne festsitzen.

Überall rauchen

Die USA entwickeln sich zu einem Land der Nichtraucher. In allen öffentlichen Gebäuden, vielen Restaurants, sogar in manchen Mietwagen ist das Rauchen verboten. In Chicago ist man nicht so streng wie in Kalifornien, aber Raucher sollten sich dennoch zurückhalten und, bevor sie den Glimmstengel entzünden, und höflich nach der »smoking zone« fragen.

Mit dicker Brieftasche durch die West Side

Die Kriminalitätsrate von Chicago ist höher als in den meisten europäischen Städten, aber das ist kein Grund, in Panik zu verfallen. Wer Vorsichtsmaßnahmen trifft, nicht die teure Rolex sichtbar am Handgelenk trägt oder mit Hundert-Dollar-Scheinen wedelt, hat kaum etwas zu befürchten. Wie in Frankfurt oder Paris sollten Sie aber auch im nächtlichen Chicago dunkle Ecken, verlassene Bahnhöfe und leere Gassen meiden. Nehmen Sie ein Taxi! Den Parkspaziergang in der lauschigen Nacht sollten Sie auch nicht unternehmen. Und fahren Sie um Gottes willen nicht in die Westside – dort toben auch heute noch Bandenkriege, zumindest in einigen Straßen. Sollten Sie dennoch einmal Pech haben, geben Sie Ihr Bares heraus.

Sprechen und Verstehen ganz einfach

Zur Erleichterung der Aussprache sind alle amerikanischen Begriffe und Wendungen mit einer einfachen Aussprache (in eckigen Klammern) versehen. Folgende Zeichen sind Sonderzeichen:

ə	nur angedeutetes »e« wie in bitte
θ	[s] gesprochen mit der Zungenspitze zwischen den Zähnen
'	die nachfolgende Silbe wird betont

AUF EINEN BLICK

Ja./Nein.	Yes. [jäs]/Yeah. [jie]/No. [no]
Vielleicht.	Perhaps. [pö'häps]/Maybe. ['mäibih]
Bitte.	Please. [plihs]
Danke.	Thank you. ['θänkju]
Vielen Dank!	Thank you very much. ['θänkju 'wäri 'matsch]
Gern geschehen.	You're welcome. [jər 'wälkəm]
Entschuldigung!	Excuse-me! [iks'kjuhs 'mih]
Wie bitte?	Pardon? ['paərdn]
Ich verstehe Sie/dich nicht.	I don't understand. [ai dont andö'ständ]
Ich spreche nur wenig …	I only speak a little … [ai 'onli spihk ə litl]
Können Sie mir bitte helfen?	Can you help me, please? ['kən ju 'hälp mi plihs]
Ich möchte …	I'd like … [aid'laik]
Das gefällt mir (nicht).	I (don't) like this. [ai (dont) laik_θis]
Haben Sie …?	Do you have …? [du ju 'häw]
Wie viel kostet es?	How much is this? ['hau'matsch is θis]
Wie viel Uhr ist es?	What time is it? [wət 'taim is it]

KENNENLERNEN

Guten Morgen!	Good morning! [gud 'moərning]
Guten Tag!	Good afternoon! [gud äftö'nuhn]
Guten Abend!	Good evening! [gud 'ihwning]
Hallo!	Hello! [hə'lo]
Grüß dich!	Hi! [hai]
Mein Name ist …	My name's … [mai näims …]
Wie ist Ihr/Dein Name?	What's your name? [wots joər 'näim]
Wie geht es Ihnen/dir?	How are you? [haur'ju]
Danke. Und Ihnen/dir?	Fine thanks. And you? ['fain θänks, ənd 'ju]
Auf Wiedersehen!	Goodbye!/Bye-bye! [gud'bai/bai'bai]
Tschüss!	See you!/Bye! [sih ju/bai]
Bis bald!	See you later! [sih ju 'lätər]
Bis morgen!	See you tomorrow! [sih ju tə'məro]

UNTERWEGS

Auskunft

links/rechts	left [läft]/right [rait]
geradeaus	straight ahead [sträit 'əhäd]
nah/weit	near [niər]/far [faər]
Wie weit ist das?	How far is it? ['hau 'far_is_it]
Bitte, wo ist …?	Excuse me, where's …, please? [iks'kjuhs 'mih 'weərs … plihs]
der Bahnhof	the train/bus station [θə 'träən/bass 'stäischn]
die U-Bahn	the subway [θə 'sabwä]
der Flughafen	the airport [θə 'erpoht]
die nächste Tankstelle	the nearest gas station? [θə 'niərist 'gäs stäischn]

Unfall

Hilfe!	Help! [hälp]
Vorsicht!	Look out! ['luk 'aut]
Rufen Sie bitte …	Please call … ['plihs 'kahll]
… einen Krankenwagen.	… an ambulance. [ən 'ämbjuləns]
… die Polizei.	… the police. [θə pə'lihs]
Geben Sie mir bitte Ihren Namen und Ihre Anschrift.	Please give me your name and address. [plihs giw mi joər 'näim ənd ə'dräs]

ESSEN/UNTERHALTUNG

Wo gibt es hier …	Is there … here? ['is θeər … 'hiər]
… ein gutes Restaurant?	… a good restaurant [ə 'gud 'rästərahnt]
… ein typisches Restaurant?	… a restaurant with local specialities [ə 'rästərahnt wiθ 'lokl späschi'älitis]
Reservieren Sie uns bitte für heute Abend einen Tisch für 4 Personen.	Would you reserve us a table for four for this evening, please? ['wud ju ri'söhw əs ə 'täibl fə 'fohr fə θis 'ihwning plihs]
Auf Ihr Wohl!	Cheers! [tschiərs]
Bezahlen, bitte.	Could I have the check, please? ['kud ai häw θə tschek plihs]
Haben Sie einen Veranstaltungskalender?	Do you have a calendar of events? [du ju häw_ə 'kälendər_əw i'wänts]

EINKAUFEN

Wo finde ich …?	Where can I find …? ['weər 'kən_ai 'faind …]
eine Apotheke	a pharmacy [ə farməssi]
eine Bäckerei	a bakery [ə bəikəri]
ein Kaufhaus	a department store [ə di'partmənt stoər]
ein Lebensmittelgeschäft	a supermarket/grocery store [ə 'supər 'mahrkət/grosri stoər]

PRAKTISCHE INFORMATIONEN

Arzt

Ich brauche einen Arzt.	I need a doctor. [ai nied ə 'docter]
Ich brauche einen Zahnarzt.	I need a dentist. [ai nied ə 'dentist]
Ich habe hier Schmerzen.	I feel some pain here. [ai fihl səm päin 'hiər]
Rezept	prescription [prə'skripschn]
Spritze	injection/shot [in'dschekschn/schat]

Bank

Ich möchte Euro (Schweizer Franken) in Dollars wechseln.
I'd like to change Euro (Swiss Francs) into dollars [aid laik tə tschäinsch juro ('Swiss 'fränks) 'intə 'dahllərs]

Übernachtung

Ich habe bei Ihnen ein Zimmer reserviert.	I've reserved a room. [aiw ri'söhwd_ə 'ruhm]
Haben Sie noch …?	Do you have …? [du ju häw]
… ein Einzel/Doppelzimmer	… a room for one [ə ruhm fə wan] … a room for two [ə ruhm fə tu]
… mit Dusche/Bad	… with a shower/bath [wiθ ə 'schauər/'bähθ]
… für eine Nacht/Woche	… for one night/week [fə wan 'nait/'wihk]
Was kostet das Zimmer?	How much is the room? [hau matsch is θ ruhm]

Zahlen

0	zero [siəro]	19	nineteen [ˌnain'tihn]	
1	one [wan]	20	twenty ['twänti]	
2	two [tuh]	21	twenty-one [ˌtwänti'wan]	
3	three [θrih]	30	thirty ['θöhti]	
4	four [fohr]	40	forty ['fohrti]	
5	five [faiw]	50	fifty ['fifti]	
6	six [siks]	60	sixty ['siksti]	
7	seven ['säwn]	70	seventy ['säwnti]	
8	eight [äit]	80	eighty ['äiti]	
9	nine [nain]	90	ninety ['nainti]	
10	ten [tän]	100	a (one) hundred ['ə (wan) 'handrəd]	
11	eleven [i'läwn]			
12	twelve [twälw]	1000	a (one) thousand ['ə (wan) 'θausənd]	
13	thirteen [θöh'tihn]			
14	fourteen [ˌfoh'tihn]	10000	ten thousand ['tän 'θausənd]	
15	fifteen [ˌfif'tihn]			
16	sixteen [ˌsiks'tihn]	1/2	a half [ə 'hähf]	
17	seventeen [ˌsäwn'tihn]	1/4	a (one) quarter ['ə (wan) 'kwohrtər]	
18	eighteen [ˌäi'tihn]			

Menu
Speise- und Getränkekarte

HORS D´OEVRES/SOUPS	VORSPEISEN/SUPPEN
broth/consommé [braθ/kən'somäi]	Fleischbrühe
cream of chicken soup [krihm əw 'tschikin suhp]	Hühnercremesuppe
mixed/green salad [mixd/grin säləd]	gemischter/grüner Salat
seafood salat [sifuhd säləd]	Meeresfrüchtesalat
smoked salmon/lox ['smokt 'sämən/lax]	Räucherlachs
vegetable soup ['wädschtəbl suhp]	Gemüsesuppe

FISH/SEAFOOD	FISCH/MEERESFRÜCHTE
clams [kläms]	Venusmuscheln
crab [kräb]	Krebs
eel [ihl]	Aal
halibut [häləbət]	Heilbutt
lobster ['labstər]	Hummer
mussels ['masls]	Muscheln
oysters ['oistərs]	Austern
perch [pöhtsch]	Barsch
salmon ['sämən]	Lachs
scallops [skälləps]	Jakobsmuscheln
sole [soll]	Seezunge
squid [skwid]	Tintenfisch
trout [traut]	Forelle
tuna ['tuhnə]	Thunfisch

MEAT AND POULTRY	FLEISCH UND GEFLÜGEL
beef [bihf]	Rindfleisch
chicken ['tschikən]	Hähnchen
duck(ling) ['dak(ling)]	(junge) Ente
gravy ['gräivi]	Fleischsoße
ground beef ['graund 'bihf]	Hackfleisch vom Rind
ham [häm]	gekochter Schinken
lamb [läm]	Lamm
pork [pohk]	Schweinefleisch
sausages ['sosidschis]	Würstchen
turkey ['töhki]	Truthahn
veal [wihl]	Kalbfleisch
venison ['wänisn]	Reh oder Hirsch

VEGETABLES AND SALAD

GEMÜSE UND SALAT	

cauliflower ['kaliflauər]　Blumenkohl
chef's salad ['schefs 'säləd]　Salat mit Schinken,
Tomaten, Käse, Oliven

french fries [fränsch 'frais]　Pommes frites
corn-on-the-cob ['kohn_an θə 'kab]　Maiskolben
garlic ['garlik]　Knoblauch
hash browns ['häsch bräuns]　Bratkartoffeln
leek ['lihk]　Lauch
lettuce ['letis]　Kopfsalat
mashed potatoes [mäscht pə'täitəus]　Kartoffelbrei
mushrooms ['maschrums]　Pilze
onions ['anjəns]　Zwiebeln
peas ['pihs]　Erbsen
peppers ['päppərs]　Paprika
pumpkin ['pampkin]　Kürbis
squash ['skwasch]　kleiner Kürbis

DESSERT　　　NACHSPEISEN

apple pie ['äpl 'pai]　gedeckter Apfelkuchen
brownie ['brauni]　Schokoladenplätzchen
cheddar ['tschädər]　kräftiger Käse
cream [krihm]　Sahne
custard ['kastəd]　Vanille-Eiercreme
ice-cream ['ais'krihm]　Eis
pancakes ['pänkäiks]　Pfannkuchen

ALCOHOLIC DRINKS　　ALKOHOLISCHE GETRÄNKE

beer [biər]　Bier
　on tap ['on täp]　　vom Fass
brandy ['brändi]　Cognac
cider ['saidər]　Apfelwein
red/white wine [räd/wait wain]　Rot-/Weißwein
　dry/sweet [drai/swiht]　　trocken/lieblich
sparkling wine ['spahrkling wain]　Sekt

SOFT DRINKS　　ALKOHOLFREIE GETRÄNKE

alcohol-free beer ['älkəhal,frih 'biər]　alkoholfreies Bier
fruit juice ['fruht dschuhs]　Fruchtsaft
lemonade [,lämə'näid]　gesüßter Zitronensaft
milk ['milk]　Milch
mineral water ['minrl ,wahtər]　Mineralwasser
root beer ['rut ,biər]　süße, dunkle Limonade
soda water ['sodə ,wahtər]　Selterswasser
tonic water [tannic wahtər]　Tonicwasser

Cityatlas Chicago

*Die Seiteneinteilung für den Cityatlas finden Sie
auf dem hinteren Umschlag dieses Reiseführers*

Mit freundlicher Unterstützung von

kein urlaub ohne

**holiday
autos**

www.holidayautos.com

kein urlaub ohne
holiday autos

es gibt viele gute gründe, weshalb sie nie ohne einen ferienmietwagen von holiday autos urlaub machen sollten. hier sind einige davon:

unabhängig und flexibel. als broker verfügen wir über keinen eigenen fuhrpark sondern arbeiten an jedem urlaubsziel mit den optimalen und zuverlässigsten autovermietungen zusammen. entscheidend bei der auswahl der vermieter ist die qualität, der service und die preisstruktur der angebote.

überall günstig. als weltweit führender vermittler haben wir zugriff auf ferienmietwagen in über 80 ländern, mit mehr als 4.000 stationen. dadurch sind wir in der lage, äußerst attraktive preise für sie auszuhandeln.

ab sofort übernehmen wir auch die landesübliche selbstbeteiligung, sofern ein regulierungsfähiger versicherungsfall nach den jeweiligen landesbestimmungen vorliegt. somit können wir ihnen noch mehr für ihr geld bieten.

buchbar über ihr reisebüro,
unter www.holidayautos.com
oder unter 0180 5 17 91 91 (24pf/min)

kein urlaub ohne
holiday autos

Freeway - Number of Junction Autobahn - Anschlussstellennummer	**56 A**	Autoroute - Numero d' échangeur Autosnelweg - Nummer van op- en afritten
Divided Highway Vierspurige Straße		Route à quatre voies Weg met vier rijstroken
Through Fare Durchgangsstraße		Route de transit Weg voor doorgaande verkeer
Main Road Hauptstraße		Route principale Hoofdweg
Other Roads Sonstige Straßen		Autres routes Overige wegen
Railway Bahnlinie		Chemin de fer Spoorweg
Subway U-Bahn	—M— · · · ·	Métro Ondergrondse spoorweg
Landing Place Anlegestelle	⚓	Embarcadère Aanlegplaats
Parking - One Way Street Parkplatz - Einbahnstraße	P →	Parking - Rue à sens unique Parkeerplaats - Straat met éénrichtingverkeer
Church - Church of interest - Chapel Kirche - Sehenswerte Kirche - Kapelle	⊞ ✚ ⊞	Église - Eglise remarquable - Chapelle Kerk - Bezienswaardige kerk - Kapel
Police Station - Post Office Polizeistation - Postamt	● ⚲	Poste de police - Bureau de poste Politiebureau - Postkantoor
Monument Denkmal	⚐	Monument Monument
Radio- or TV Tower - Lighthouse Funkturm - Leuchtturm	⌇ ⊰	Tour radio ou télévision - Phare Radio- of televisietoren - Vuurtoren
Hospital - Hotel Krankenhaus - Hotel	⊞ H	Hôpital - Hôtel Ziekenhuis - Hotel
Built-up Area - Public Building Bebauung - Öffentliches Gebäude		Zone bâtie - Bâtiment public Woongebied - Openbaar gebouw
Industrial Area Industriegebiet		Zone industrielle Industriekomplex
Park, Forest Park, Wald		Parc, bois Park, bos
Beach Strand		Plage Strand met zwemgelegenheid

Marco Polo Spaziergänge

 Blick nach oben: Wolkenkratzer im und um den Loop

 Häuser der Oberen Zehntausend: die Gold Coast-Tour

 Kunst unter freiem Himmel: die Loop Sculpture-Tour

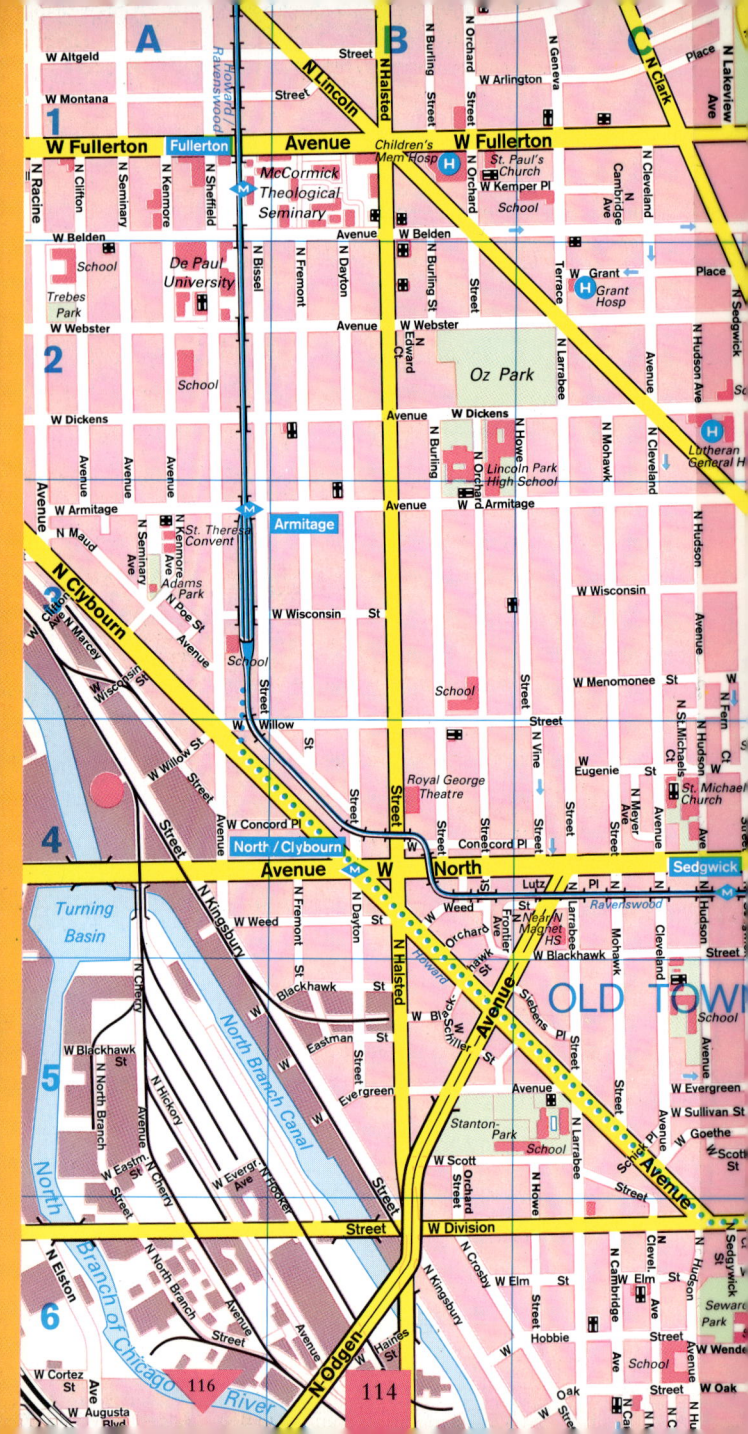

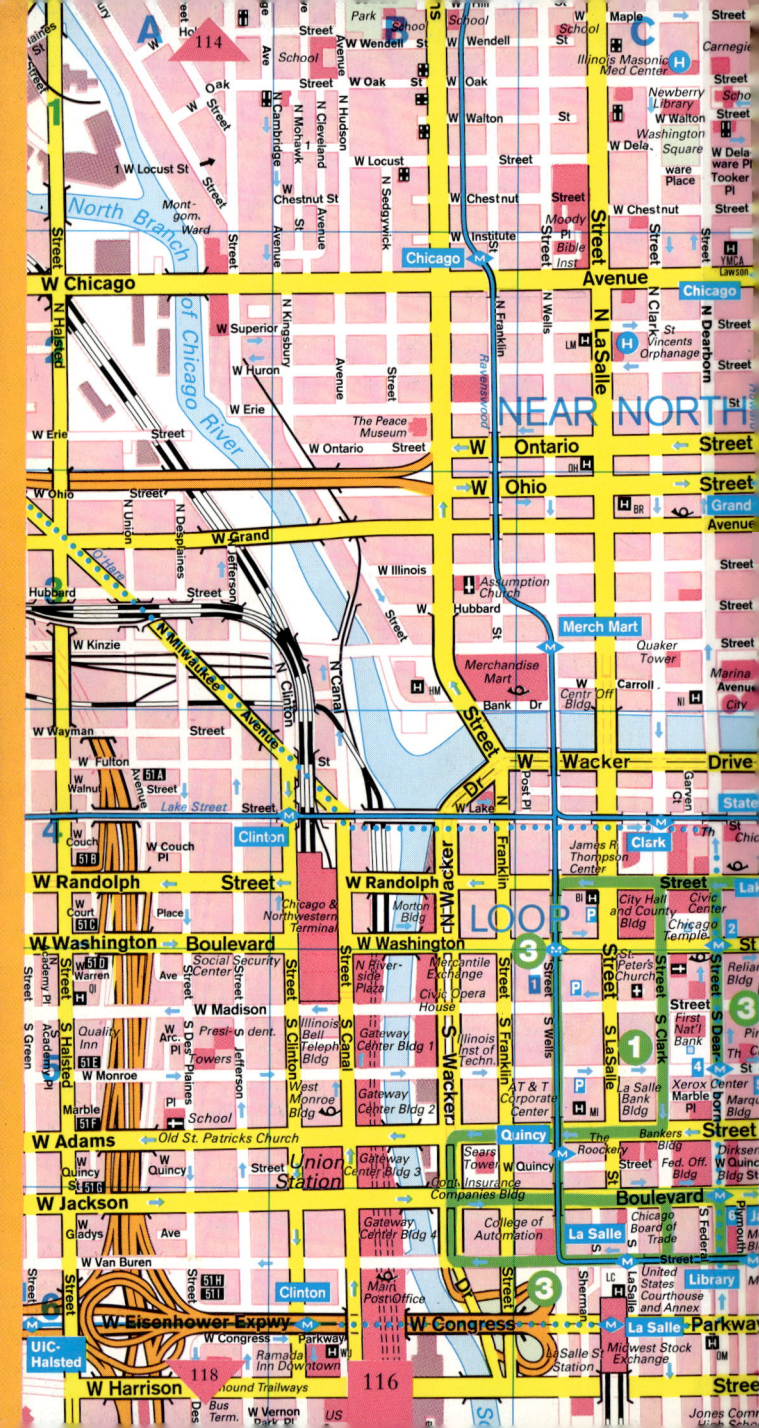

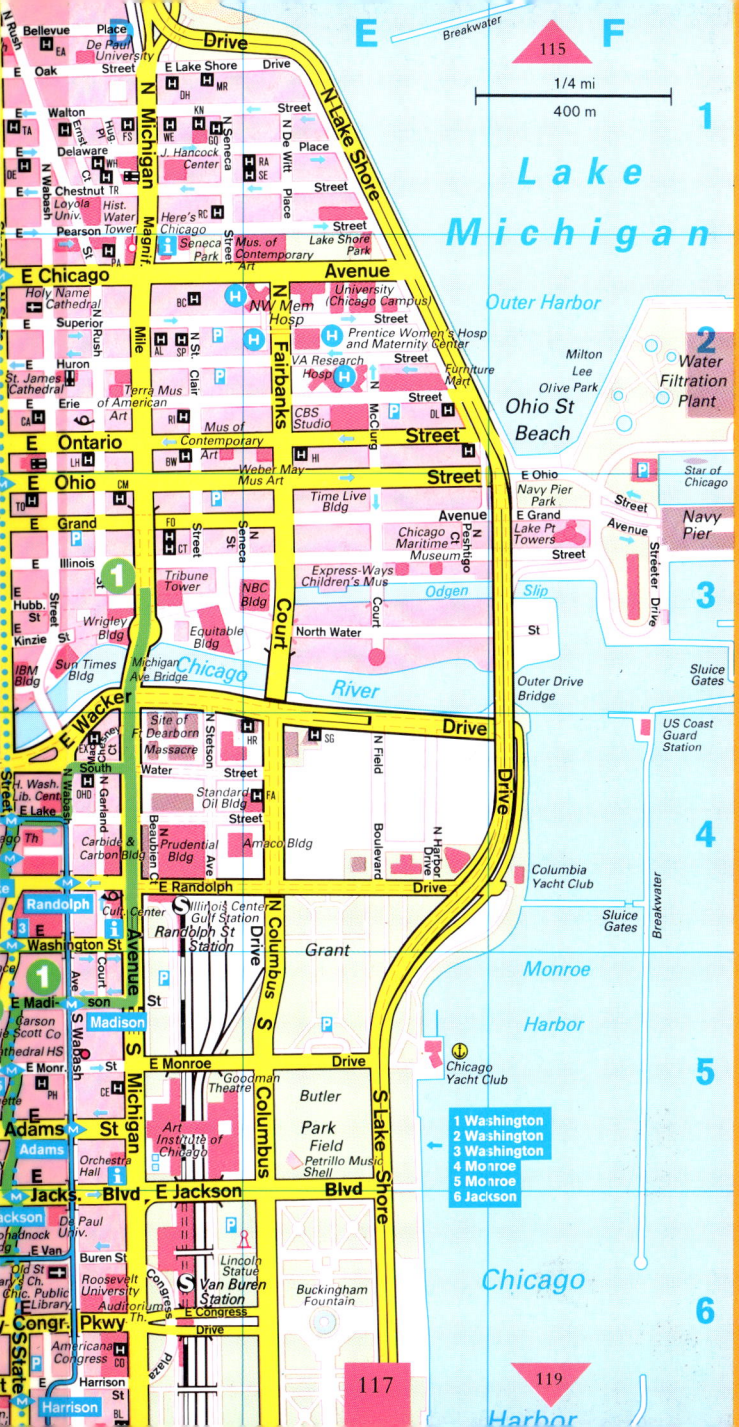

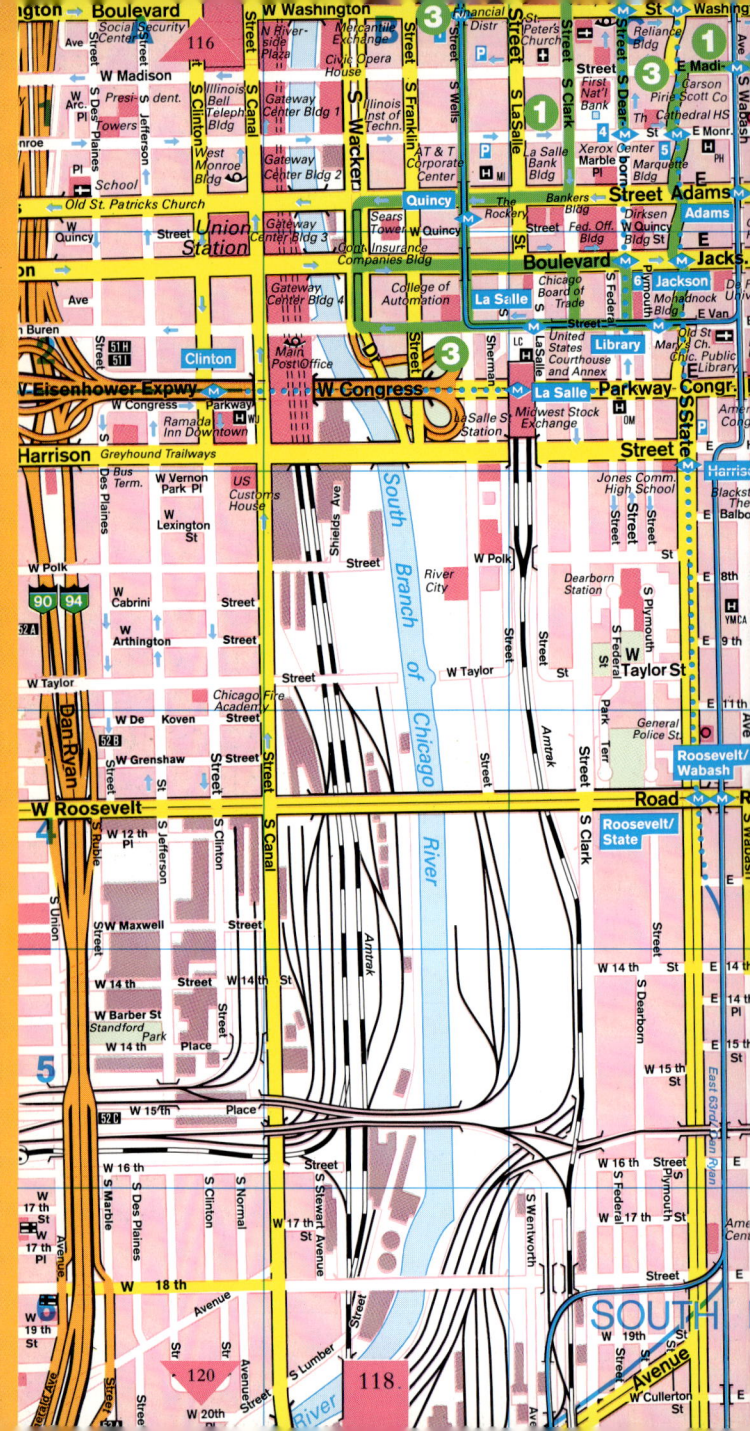

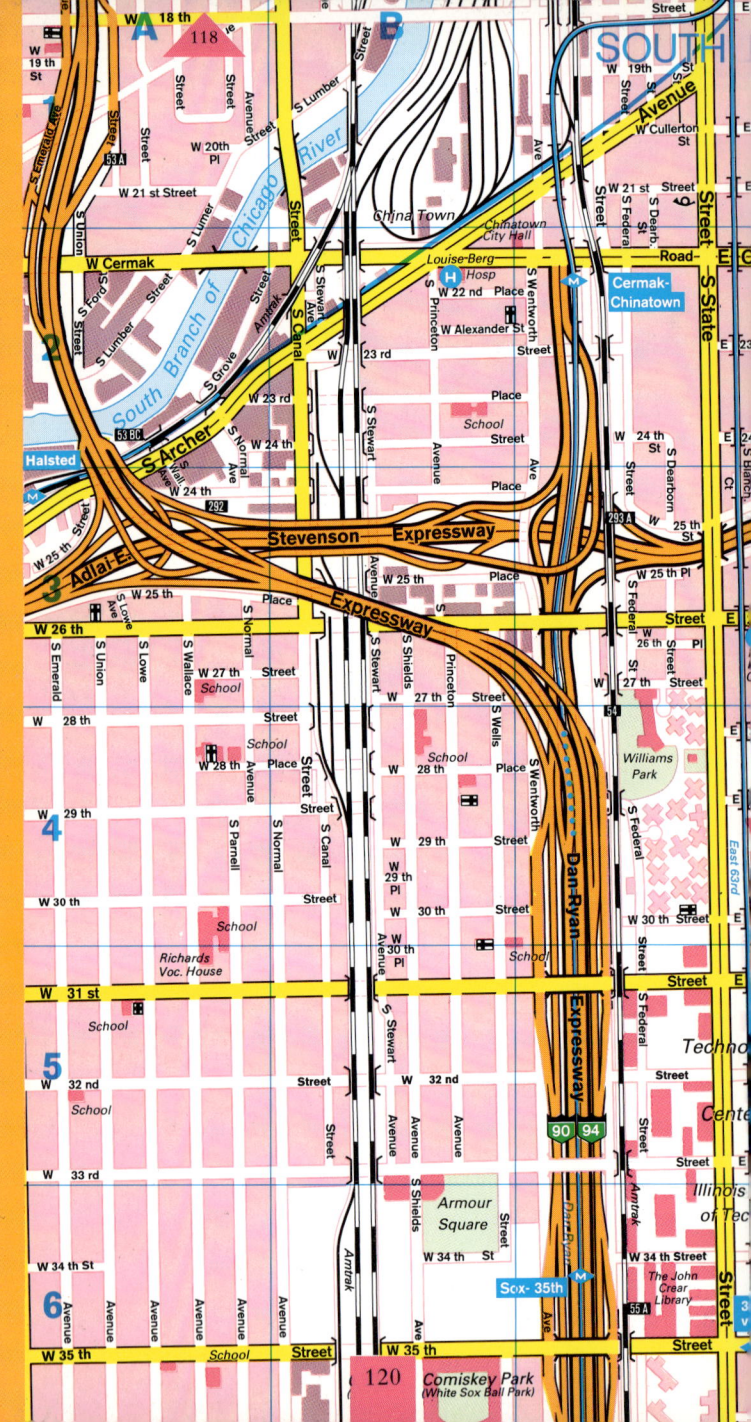

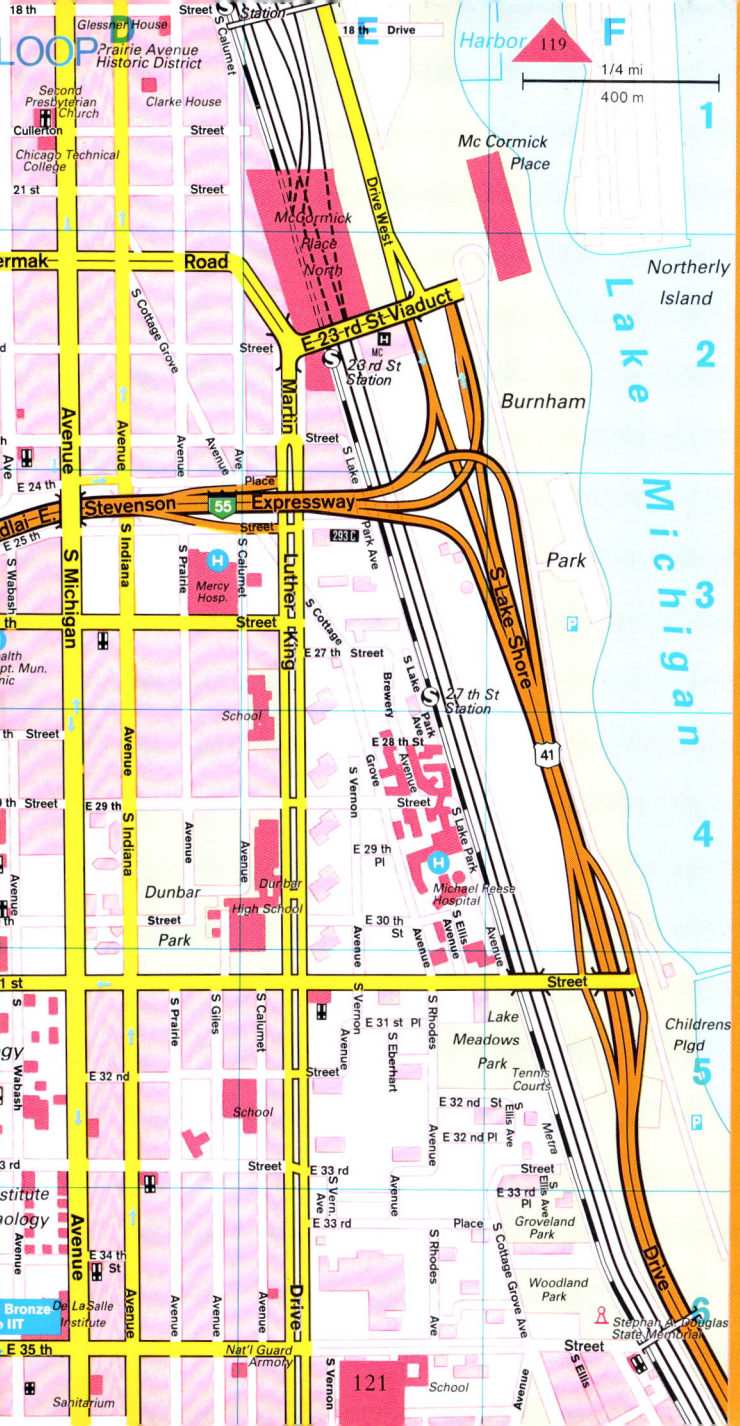

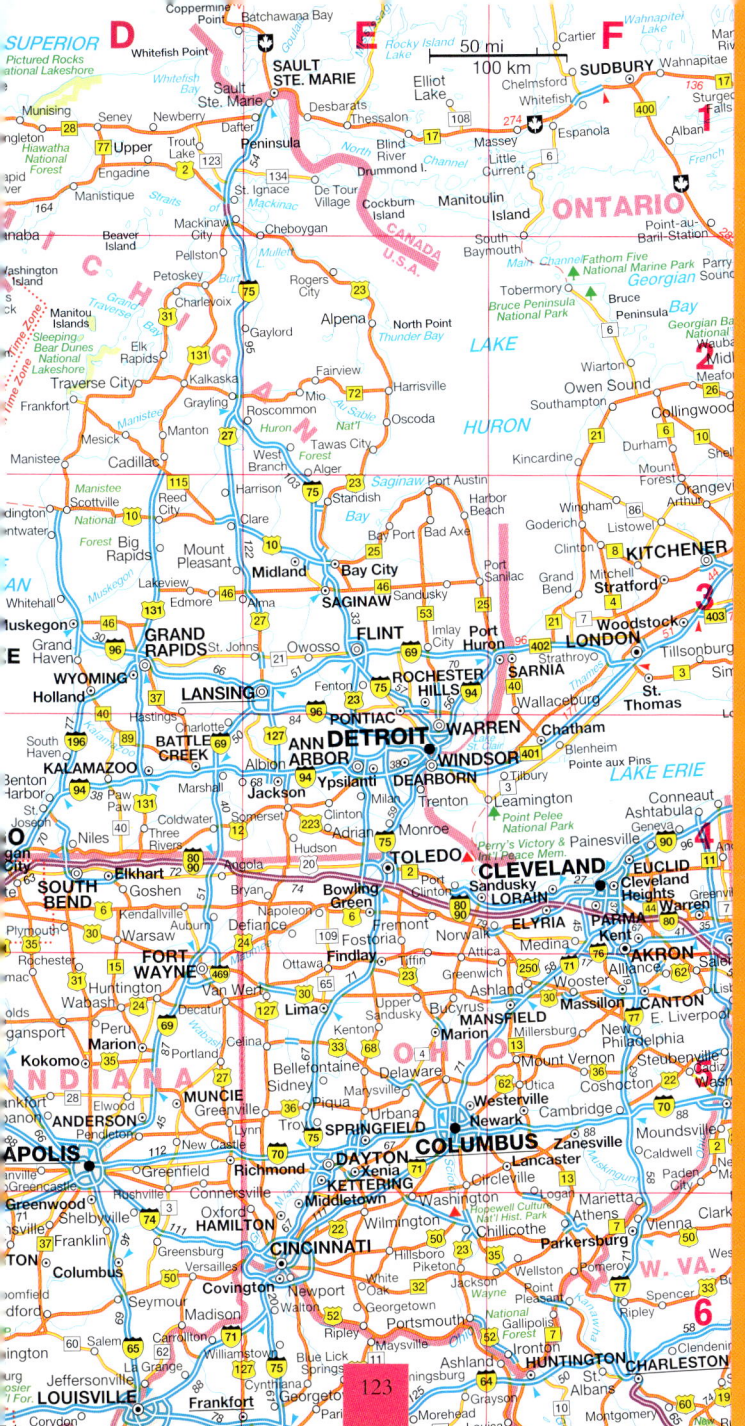

Das Register enthält alle im Cityatlas dargestellten Straßen und Plätze.

North Wieland St **115/D4-D5**
North Howe St **114/C5-C6**
Park Terr **118/C3-C4**
Post Pl **116/C4**
Ritchie Ct **115/E5**
Roosevelt Dr **119/D4-E4**
Schick Pl **114/C5**
Shields Ave **118/B3**
Siebens Pl **114/C5**
South Academy Pl **116/A5**
South Archer Ave **120/A3-C1**
South Blanch. Ct **120/C2-C3**
South Calumet Ave **121/D1-E6**
South Canal St **118/A1-120/B5**
South Clark St **118/C1-120/C2**
South Clinton St **118/A1-A6**
South Columbus Dr **119/D1-D4**
South Cottage Grove Ave
121/D2-F6
South Dearborn St
118/C1-120/D3
South Des Plaines St
118/A1-120/A1
South Eberhart Ave **121/E5-E6**
South Ellis Ave **121/E3-F6**
South Emerald Ave **120/A3-A6**
South Federal St
118/C2-120/C6
South Ford St **120/A2**
South Giles Ave **121/D5-D6**
South Gove St **120/A2**
South Green St **116/A5-A6**
South Halsted St **116/A5-A6**
South Indiana St
118/D4-121/D6
South Jefferson St **118/A1-A6**
South La Salle St **118/C1-C3**
South Lake Park Ave
121/E2-F6
South Lake Shore Dr
121/E2-F6
South Lake Shore Dr West
119/E4-121/E2
South Lowe Ave **120/A3-A6**
South Lumber St **120/A2-B1**
South Michigan Ave
119/D1-121/D6
South Marble St
118/A5-120/A1
South Normal Ave
118/A5-120/B6
South Parnell Ave **120/A4-A6**
South Plymouth St **118/C2-C6**
South Prairie Ave
119/D5-121/D6
South Princeton Ave
120/B2-B6
South Rhodes Ave **121/E5-E6**
South Ruble St **118/A4-A5**
South Sherman St **118/B2-B3**
South Shields Ave **120/B3-B6**
South State St **118/C2-120/C6**
South Stewart Ave
118/B5-120/B5
South Union Ave
118/A4-120/A6
South Vernon Ave **121/E4-E6**
South Wabash Ave
118/C1-121/D6
South Wacker Dr **118/B1-B2**
South Wallace Ave **120/A3-A6**
South Water St **117/D4-E4**

South Wells St **118/B1-120/A6**
South Wentworth Ave
118/C5-120/C6
Streeter Dr **117/F3**
Weat Evergreen Ave **114/A5**
West 12th Pl **118/A4**
West 14th Pl **118/A5**
West 14th St **118/A5-C5**
West 15th Pl **118/A5**
West 15th St **118/A5**
West 15th St **118/C5**
West 16th St **118/A5-C5**
West 17th St **118/A6-C6**
West 18th St **120/A1-C1**
West 19th St **120/A1-C1**
West 20th Pl **120/A1**
West 21st Pl **120/A1**
West 21st St **120/A1-C1**
West 22nd Pl **120/B2-C2**
West 23rd Pl **120/A2-C2**
West 23rd St **120/B2-C2**
West 24th Pl **120/A3-C3**
West 24th St **120/A2-C2**
West 25th Pl **120/A3-C3**
West 25th St **120/A3-C3**
West 26th Pl **120/C3**
West 26th St **120/A3-C3**
West 27th St **120/A3-C3**
West 28th Pl **120/A4-C4**
West 28th St **120/A4-B4**
West 29th Pl **120/B4**
West 29th St **120/A4-C4**
West 30th Pl **120/B5**
West 30th St **120/A4-C4**
West 31th St **120/A5-C5**
West 32nd St **120/A5-C5**
West 33rd St **120/A5-C5**
West 34th St **120/A6-C6**
West 35th St **120/A6-C6**
West Adams St **116/A5-118/C1**
West Alexander St **120/B2-C2**
West Altgeld St **114/A1-B1**
West Arcade Pl **118/A1**
West Arlington Pl **114/B1-C1**
West Armitage Ave
114/A3-115/D3
West Arthington St **118/A3**
West Augusta Blvd **114/A6**
West Belden Ave
114/A1-115/D1
West Blackhawk St **114/A5-C4**
West Burton Pl **115/D5-E4**
West Cabrini St **118/A3**
West Caroll Ave
116/C3-117/D3
West Cermak Rd **120/A2-C2**
West Chestnut St **116/B1-C1**
West Chicago Ave **116/A2-C2**
West Concord Pl
114/C4-115/D4
West Congress Pkwy
116/A6-118/B2-C2
West Cortez St **114/A6**
West Couch Pl **116/A4**
West Court Pl **116/A4**
West Cullerton St **120/C1**
West Dekoven St **118/A4**
West Delaware Pl **116/C1**
West Dickens Ave
114/A2-115/D2
West Division St
114/A6-115/E6

West Eastman St **114/A5-B5**
West Eisenhower Expwy
118/A2-C2
West Elm St **114/B6-115/E6**
West Erie St **116/A2-C2**
West Eugenie St
114/C4-115/D4
West Evergreen Ave
114/B5-115/D5
West Fullerton Pkwy
114/A1-115/E1
West Fulton St **116/A4-B4**
West Germania St **114/B5**
West Goethe St **114/C5-115/E5**
West Grand Ave **116/A3-C3**
West Grant Pl **114/C2**
West Grenshaw St **118/A4**
West Haines St **114/B6**
West Harrison St **118/A2-C2**
West Hill St **115/D6**
West Hobbie St **116/A1-B1**
West Hubard St **116/A3-C3**
West Huron St **116/A2-C2**
West Illinois St **116/B3-C3**
West Jackson Blvd
116/A6-118/C2
West Kinzie St **116/A3-C3**
West Lake St **116/A4-C4**
West Lexington St **118/A3**
West Locush St **116/B1-C1**
West Madison St
116/A5-118/C1
West Maple St **115/D6-E6**
West Maxwell St **118/A4**
West Menomonee St
114/C3-115/D3
West Monroe St
116/A5-118/C1
West Montana St **114/A1-B1**
West North Ave
114/A4-115/D4
West Oak St **116/A1-C1**
West Ohio St **116/A3-C3**
West Ontario St **116/B2-C2**
West Pearson St **116/C1-C2**
West Polk St **118/A3-C3**
West Quincy Ave **118/A2**
West Randolph St **116/A4-C4**
West Roosevelt Rd **118/A4-C4**
West Schiller St **114/B5-115/E5**
West Scott St **114/B5-115/D5**
West St Paul Ave **115/D4**
West Sullivan St **114/C5**
West Superior St **116/A2-C2**
West Taylor St **118/A3-C3**
West Van Buren St **118/A2-C2**
West Vernon Park Pl **118/A3**
West Wacker Dr **116/B4-C4**
West Walnut St **116/A4**
West Walton St **116/B1-C1**
West Warren Ave **116/A5**
West Washington Blvd
116/A4-C4
West Wayman St **116/A4**
West Webster Ave
114/A2-115/D2
West Weed St **114/A4-C4**
West Wendel St **116/B1-C1**
West Willow St
114/A4-115/D3
West Wisconsin St
114/A3-115/D3